TORSTEN SCHWARZ

DDR Kochbuch

Ostalgie auf dem Teller

Alle Ratschläge in diesem Buch wurden vom Autor und vom Verlag sorgfältig erwogen und geprüft. Eine Garantie kann dennoch nicht übernommen werden. Eine Haftung des Autors beziehungsweise des Verlags für jegliche Personen-, Sach- und Vermögensschäden ist daher ausgeschlossen.

Email: info@edition-jt.de
www.edition-jt.de

JT Handels UG
Berumer Str. 44
26844 Jemgum

Vorwort

Einst gab es ein Deutschland, welches von einer Mauer in Ost und West geteilt wurde. Während Westdeutschland auch als Bundesrepublik Deutschland, kurz BRD, bekannt war, trug Ostdeutschland den Namen Deutsche Demokratische Republik, kurz DDR.

Westdeutschland war nicht nur größer, sondern in mancher Hinsicht weiterentwickelt als die DDR. Dies machte sich in vielen Bereichen des Lebens bemerkbar, nicht zuletzt bei der Ernährung. Während die Menschen in Westdeutschland nahezu alles hatten, mussten die Bürger der DDR beispielsweise für Bananen anstehen. Heute ist all das Geschichte und kaum mehr vorstellbar.

Sie sind herzlich eingeladen, mithilfe dieses Kochbuchs eine kulinarische Reise in die Vergangenheit, genauer gesagt in die DDR, zu wagen. Lernen Sie Rezepte kennen, welche in der DDR beliebt waren, wecken Sie schmackhafte Erinnerungen, falls Sie einst in der DDR aufgewachsen sind, jedoch schon lange keines der damaligen Rezepte mehr selbst gekocht haben.

Dieses Kochbuch ermöglicht Ihnen, die Einfachheit und Kreativität der DDR-Küche, welche durch die besonderen Umstände einst notwendig waren, zu entdecken und lieben zu lernen. Sie können dieses Kochbuch als eine Art Hommage an die DDR und deren besondere Küche betrachten.

Lassen Sie sich von Rezepten verführen, die einst viele Generationen von DDR-Bürgern genährt haben.

Durch dieses Kochbuch bekommen Sie eine umfangreiche Sammlung an Rezepten an die Hand, welche durch schwierige Umstände und oft mangelnde Ressourcen entstanden sind. Die Rezepte spiegeln nur im geringen Maße wider, wie viel Erfinderfreude und Anpassungsfähigkeit die Bürger der DDR an den Tag legten.

Freuen Sie sich auf schmackhafte Fleischgerichte, leckere Süßspeisen und vitaminreiche Eintöpfe. Es sind Rezepte für jeden Geschmack vorhanden. Seien Sie gespannt auf eine kulinarische Reise in die Vergangenheit und genießen Sie typische DDR-Gerichte.

Guten Appetit!

INHALT

Geschichte der DDR kurz und knapp

Bevor es zu den Rezepten geht, folgt nun ein kleiner Informationsteil rund um die DDR und die Küche vor und nach dem Mauerfall. Freuen Sie sich auf interessante Informationen, die Ihren Blick auf die DDR möglicherweise verändern könnten oder welche Ihnen endlich Erklärungen zu zahlreichen Erzählungen der älteren Generation bieten.

Die DDR existierte von 1949 bis ins Jahr 1990 als eigenständiger Staat in Mitteleuropa. Sie war das kleine Deutschland, denn die BRD existierte zu dieser Zeit ebenfalls als eigenständiger Staat. Nach dem Zweiten Weltkrieg, den Deutschland verlor, wurde das Land in vier Besatzungszonen unterteilt. Das Gebiet der DDR lag in der sowjetischen Besatzungszone. Bis zur Wiedervereinigung beider Länder wurde die DDR von der Sowjetunion geführt und war Teil des Ostblocks. Gründungstag war der 7. Oktober 1949. Die damals regierende Partei war die Sozialistische Einheitspartei Deutschlands, kurz SED.

In den Jahren von 1955 bis 1961 gab es in der DDR viele wirtschaftliche und politische Umbrüche. Hier war die Rede von der sogenannten „Stalinisierung“, da Stalin an die Macht kam. Das Ganze hatte enormen

Einfluss auf die wirtschaftliche Lage, wodurch es am 17. Juni 1953 zum Arbeiteraufstand kam.

Das Jahr 1961 brachte erneut Veränderung mit sich, auch für die BRD, denn zwischen beiden Ländern wurde die Berliner Mauer errichtet. West und Ost waren fortan durch eine lange Mauer voneinander getrennt, was sogar die Trennung vieler Familien bedeutete. Das Ziel der Errichtung der Mauer war es, die massenhafte Flucht der DDR-Bürger nach Westdeutschland zu stoppen. Dadurch war nicht nur Deutschland, sondern auch die Stadt Berlin geteilt. Noch heute ist es möglich, in der Landeshauptstadt viele Orte zu besuchen, die an die damalige Zeit erinnern.

In den Jahren 1971 bis 1989 führte Erich Honecker die DDR an, wodurch diese international anerkannt wurde. Das Ziel in dieser Zeit war es, dass die Bürger der DDR einen hohen Lebensstandard geboten bekommen sollten. Allerdings gab es auch in dieser Zeit enorme wirtschaftliche Probleme und politische Unruhen.

Im November 1989 kam es schließlich zum Fall der Mauer. Angefangen mit Massenprotesten, den sogenannten Montagsdemonstrationen, kämpften die Bürger der DDR für Freiheit und den Fall der Mauer. Sie wollten nicht länger durch eine Mauer von der BRD getrennt bleiben.

Am 3. Oktober 1990 kam es dann zur Wiedervereinigung. Noch heute gilt dieses Datum als Feiertag in ganz Deutschland, der Tag der Deutschen Einheit. Deutschland war nicht länger ein geteiltes Land.

WELCHEN EINFLUSS HATTE DIE DDR AUF DIE KÜCHE / DAS ESSEN

Die DDR hatte großen Einfluss auf das Leben der Menschen. So war es auch hinsichtlich der kulinarischen Kultur, was sogar nach der Wiedervereinigung noch spürbar war. Die kulinarische Kultur der DDR war vor allem durch die Verfügbarkeit geprägt worden. Es gab nicht immer alles, demnach mussten Rezepte einfach gehalten oder improvisiert werden. Die Schwierigkeiten der Wirtschaft sorgten nicht nur für Tumult, sondern für Knappheit an Lebensmitteln. Deshalb hielten die Bürger zu DDR-Zeiten viele Rezepte so einfach wie möglich und achteten auf preiswerte Zutaten sowie Zubereitungstechniken. Die DDR-Bürger legten großen Wert darauf, dass das Beste aus den vorhandenen Mitteln gemacht werden konnte. Weitverbreitete Speisen waren unter anderem Aufläufe, Eintöpfe und Fleischgerichte, die einfach in der Zubereitung waren.

Noch heute gibt es Gerichte, die bei vielen Menschen als typische DDR-Gerichte gelten. Dazu zählen unter anderem Soljanka, Würzfleisch und das beliebte Jägerschnitzel, welches meist zu Nudeln und Tomatensoße gegessen wurde und noch immer wird. Wer glaubt, dass es in der DDR kein Fast Food gab, der irrt sich, denn tatsächlich hatten die DDR-Bürger auch hier einfache Rezepte auf Lager. Wohl bekannt ist die Ketwurst, welche mit einem Hotdog verglichen werden kann, oder die sogenannte Grilletta, die wie ein gegrilltes Burger-Sandwich aussah.

Die DDR-Küche ist trotz der damals herrschenden Lebensmittelknappheit sehr vielfältig aufgestellt gewesen. Unter anderem spielten regionale Traditionen eine wichtige Rolle. So ist es nicht verwunderlich, dass es einige Rezepte gibt, die in der ganzen DDR beliebt waren, und wiederum andere, welche die Menschen nur in bestimmten Regionen mochten.
Nach der Wiedervereinigung des Landes tauschten sich Ost- und Westbürger mit Rezepten aus. Dadurch wurden die kulinarischen Traditionen im ganzen Land beeinflusst.

KNAPPHEIT BEI DER LEBENSMITTELVERSORGUNG IN DER DDR

In der DDR herrschte eine staatlich kontrollierte Wirtschaft. Diese war für die Engpässe der Versorgung mit Lebensmitteln verantwortlich. Im folgenden Text finden Sie einige Faktoren, die hierbei eine Rolle spielten.

Die Regierung der DDR hatte eine sogenannte zentrale Planwirtschaft ins Leben gerufen. Allerdings konnte durch diese nicht schnell genug auf die Veränderungen des Lebensmittelmarktes reagiert werden. Das wiederum führte dazu, dass manche Produkte Mangelware waren.

Hinzu kam, dass die Lebensmittelproduktion erheblich eingeschränkt war, was unter anderem an den begrenzten natürlichen Ressourcen, aber auch an den begrenzten landwirtschaftlichen Kapazitäten lag.

Durch den Kalten Krieg war die DDR international eher isoliert. Dadurch wurde der Handel erschwert und es gab kaum Zugang zu ausländischen Lebensmitteln.

Verteilungsprobleme bei den Lebensmitteln gab es durch das staatliche Verteilungssystem. Durch dieses sollten den Bürger der DDR die Lebensmittel zugeteilt werden. Allerdings führte das oft zu Ungleichheiten und Engpässen in der Versorgung mit Lebensmitteln. Hinzu kamen oft auch Qualitätsprobleme bei Lebensmitteln, die in der DDR produziert wurden. Die Verbraucher sagen diese Lebensmittel dann oft als minderwertig an.

Die Lebensmittelengpässe blieben natürlich nicht ohne Folgen. Oft mussten lange Wartezeiten in Kauf genommen werden, wenn es um den Erwerb von Grundnahrungsmitteln ging. Gab es besondere oder exotische Lebensmittel, waren diese nur in begrenzten Mengen erhältlich. Das war beispielsweise bei Bananen der Fall. Gab es Bananen, wurde die Arbeit so manches Mal liegen gelassen, um sich anzustellen, damit diese erworben werden konnten.

Doch wie heißt es so schön: „Es war nicht alles schlecht in der DDR.“ Diese Aussage ist wahr, denn durch die Engpässe hatten die Bürger viel mehr Fantasie und waren kreativer bei der Zubereitung von Speisen. Obendrein ging ein jeder sorgfältiger mit den wenigen zur Verfügung stehenden Lebensmitteln um. Verschwendung gab es nicht, es wurde alles verwertet.

DIE DDR-KÜCHE NACH DEM MAUERFALL

Der Mauerfall und die Wiedervereinigung brachten nicht nur die Menschen von Ost und West wieder zusammen. Vor allem die Wiedervereinigung hatte für eine Vielzahl von Veränderungen der DDR-Küche gesorgt.

Die DDR-Bürger hatten endlich besseren Zugang zu neuen Produkten. Das führte unter anderem dazu, dass viele DDR-Rezepte ergänzt und weiterentwickelt wurden. Die DDR-Küche wurde demnach erweitert und teils neu erfunden. Fortan hatten die DDR-Bürger mehr als DDR-Rezepte und konnten einige neue, noch unbekannte Lebensmittel kennenlernen.

Natürlich veränderte sich auch der Fast-Food-Markt. Die bekannten Fast-Food-Restaurants wurden nun auch im Ostblock errichtet und fanden bei den Bürgern Beliebtheit. Das beeinflusste nicht nur die traditionelle DDR-Küche, sondern auch die Essgewohnheiten der DDR-Bürger.

Doch es gab auch die nostalgische Seite. Viele ostdeutsche Bürger erinnerten sich wieder an Gerichte, die sie in ihrer Kindheit gegessen hatten, aber durch Lebensmittelknappheit oft nicht zubereitet werden konnten. Dadurch wurden viele traditionelle DDR-Rezepte wiederbelebt und erfuhren mehr Wertschätzung. Dieses Phänomen wurde „Ostalgie“ genannt.

Nicht nur die ostdeutsche Küche profitierte von den kulinarischen Neuheiten aus dem Westen, sondern auch die westdeutsche Küche von den DDR-Rezepten. Einige Gerichte aus dem Ostblock konnten sich auch im Westen durchsetzen und gewannen an Beliebtheit. Das galt unter anderem für die Soljanka oder auch die Quarkkäulchen. Diese Rezepte werden Sie auch in diesem Kochbuch wiederfinden.

Frühstück

OMAS EIERKUCHEN

7 Port.

1 Std. 20 Min.

Leicht

Zutaten

4 Eier (getrennt)
100 g Zucker
1 Pck. Vanillezucker
400 g Mehl
1 TL Backpulver
500 ml Milch
250 ml Wasser (heiß)
Butterschmalz zum Braten
Obst, Früchtemus oder Marmelade zum Garnieren
Puderzucker zum Bestreuen

Nährwerte p. P.

311 kcal
55 g Kohlenhydrate
7 g Fett
10 g Eiweiß

1 Verarbeiten Sie zuerst das Eigelb mit dem Zucker, dem Vanillezucker und dem heißen Wasser zu einer schaumigen Masse. Fügen Sie anschließend die halbe Menge Mehl hinzu und mischen Sie alles gut durch. Nun können Sie die Milch hineingießen und alles gut verrühren.

2 Geben Sie das verbliebene Mehl zusammen mit dem Backpulver hinzu und rühren Sie den Teig so lange, bis er glatt ist. Den fertigen Teig decken Sie gut ab und lassen ihn für 1 Stunde ruhen.

3 In der Zwischenzeit können Sie das Eiweiß steif schlagen. Nach der Ruhezeit wird das steif geschlagene Eiweiß vorsichtig unter den Teig gehoben. So bleibt er schön fluffig.

4 In einer Pfanne erhitzen Sie etwas Butterschmalz und geben den Teig portionsweise hinein, um ihn von beiden Seiten goldbraun zu braten.

5 Servieren Sie Ihre Eierkuchen auf einem Teller und geben Sie nach Wunsch ein paar Früchte, Marmelade oder etwas Puderzucker darauf.

Tipp: Selbst gemachter Apfelmus schmeckt ebenfalls wunderbar dazu.

WAFFELN

2 Port. 10 Min. Leicht

Zutaten

250 g Mehl
¼ L Milch
4 Eier
250 g Zucker
1 Päckchen Vanillezucker

Nährwerte p. P.

291 kcal
56 g Kohlenhydrate
3 g Fett
7 g Eiweiß

1 Schlagen Sie die Eier auf und verrühren diese zusammen mit dem Zucker zu einer glatten Masse. Fügen Sie danach das Mehl, die Milch und den Vanillezucker hinzu.

2 Vermengen Sie alles gut miteinander, sodass sich keine Klumpen bilden. Geben Sie den Teig mit einer Schöpfkelle in ein vorgeheiztes Waffeleisen und lassen Sie diesen backen, bis er eine schöne goldbraune Färbung annimmt.

3 Die fertigen Waffeln können mit Toppings nach Wahl serviert werden.

Tipp: Heiße Kirschen sind zu frisch gebackenen Waffeln ein wahrer Genuss.

LECKERE KRÄUTERBUTTER

300 g | 20 Min. | Leicht

Zutaten

2 mittelgroße Zwiebeln
Basilikum, Dill
1 EL gehackte Petersilie
Schnittlauch
250 g Butter
Abrieb einer Zitrone
2 Lorbeerblätter

Nährwerte p. P.

474 kcal
3 g Kohlenhydrate
51 g Fett
1 g Eiweiß

1 Schälen Sie die Zwiebeln und reiben diese fein. Brausen Sie alle Kräuter kurz ab und schütteln Sie diese trocken. Danach werden diese klein gehackt.

2 In der Zwischenzeit kann die Butter in einem kleinen Topf geschmolzen werden. Achten Sie darauf, dass sie nicht braun wird!

3 Geben Sie die geriebenen Zwiebeln und die Kräuter zur geschmolzenen Butter und erwärmen Sie die Mischung. Rühren Sie dabei um, bis die Butter klar wird.

4 Reiben Sie etwas Zitronenschale für den besseren Geschmack hinein. Im Anschluss schäumen Sie die Butter ab, entfernen den Topf vom Herd und rühren noch einmal weiter, bis sich die Masse abgekühlt hat.

5 Füllen Sie die Butter in Gefäße wie kleine Gläser und verschließen Sie diese gut. Die Gläser können im Kühlschrank gelagert werden.

6 Die Kräuterbutter kann mit Brot und Brötchen zum Frühstück verzehrt werden.

Tipp: Kann nach Belieben mit Kräutern ergänzt werden. Zudem lassen sich die Kräuter auch austauschen.

APFELPLINSEN

2 Port.

20 Min.

Leicht

Zutaten

250 g Mehl
300 ml Milch
100 ml Wasser
4 Eier
2 Äpfel
etwas Salz

Nährwerte p. P.

355 kcal
55 g Kohlenhydrate
8 g Fett
14 g Eiweiß

1 Trennen Sie die Eier und geben diese in eine Schüssel, um sie zu verquirlen. Fügen Sie 150 ml Milch dazu und schlagen das Gemisch schaumig. Fügen Sie die restliche Milch und das Wasser schluckweise hinzu.

2 Mischen Sie das Ganze mit dem Mehl und einer Prise Salz. Lassen Sie den Teig anschließend kurz ruhen.

3 In der Zwischenzeit können Sie die Äpfel schälen, entkernen und in dünne Spalten schneiden. Erhitzen Sie genug Öl in einer Pfanne und legen Sie die Apfelspalten darin aus.

4 Gießen Sie anschließend eine Kelle des Teigs darüber, bis die Äpfel schön bedeckt sind.

5 Warten Sie, bis der Teig an der Oberfläche trocken ist und die Ränder leicht gebräunt sind. Erst dann wird der Plinsen vorsichtig gewendet.

6 Wenn der Apfelplinsen beidseitig goldbraun ist, nehmen Sie ihn aus der Pfanne und fahren Sie genauso mit dem restlichen Teig fort.

7 Servieren Sie die Plinsen warm und bestreuen diese mit Zimt und Zucker.

Tipp: Mit Apfelmus bestrichen und portioniert, sind die Apfelplinsen auch eine leckere Schulmahlzeit, die nicht aufgewärmt werden muss.

ARMER RITTER

2 Port.

10 Min.

Leicht

Zutaten

4 Eier
4 Scheiben Käse
4 Scheiben Kochschinken
4 EL Milch
20 g Mehl
1 Prise Salz
Bratfett

Nährwerte p. P.

218 kcal
4 g Kohlenhydrate
15 g Fett
15 g Eiweiß

1 Mischen Sie Mehl, Eier, Milch und Salz miteinander und rühren so lange, bis eine glatte Masse für den Teig entsteht.

2 Belegen Sie jede Toastscheibe oder Brötchenhälfte mit einer Scheibe Käse und einer Scheibe Kochschinken.

3 Decken Sie das Ganze mit einem weiteren Toast oder Brötchen ab und drücken es fest zusammen.

4 Das Bratfett können Sie in einer Pfanne erhitzen. Wenden Sie die Toasts im Teig, bis diese gut damit bedeckt sind.

5 Geben Sie die Toasts in die heiße Pfanne und braten Sie diese beidseitig goldbraun.

Tipp: Die Zutaten zum Belegen können wunderbar je nach Geschmack ergänzt oder verändert werden.

JÄGERFRÜHSTÜCK

2 Port. 20 Min. Leicht

Zutaten

40 g Butter
1 kleine Zwiebel
4 Eier
400 g Pfifferlinge
1 Bund Petersilie
½ Tasse Fleischbrühe
1 Glas Dessertwein
Salz, Pfeffer
geriebene Muskatnuss

Nährwerte p. P.

220 kcal
10 g Kohlenhydrate
13 g Fett
10 g Eiweiß

1 Reinigen Sie die Pilze und schneiden diese in dünne Scheiben. Häuten Sie die Zwiebel und hacken Sie diese fein.

2 Anschließend werden diese in etwas Fett glasig gedünstet. Geben Sie die geschnittenen Pilze hinein und braten diese kräftig an.

3 Löschen Sie das Ganze mit Wein und der Fleischbrühe ab. Danach kann alles weiterdünsten. In der Zwischenzeit können Sie die Eier verquirlen.

4 Hacken Sie die gewaschene Petersilie und fügen diese mit den Gewürzen hinzu. Braten Sie diese Mischung in etwas Butter an.

5 Mischen Sie die Pilz-Zwiebel-Mischung unter die Eier und lassen alles gut stocken.

6 Danach können Sie das Jägerfrühstück genießen.

Tipp: Wer gerne Pilze sammelt, sollte dieses Frühstück einmal mit frischen Pilzen testen. Diese verleihen dem Rezept besondere Aromen.

SEEMANNSFRÜHSTÜCK

2 Port.

35 Min.

Leicht

Zutaten

50 g Butter
2 EL Öl
4 große Eier
2 Makrelen
4 kleine Zwiebeln
5 EL Kondensmilch, 7,5 % Fett
Salz, Pfeffer

Nährwerte p. P.

984 kcal
8 g Kohlenhydrate
54 g Fett
114 g Eiweiß

1 Als Erstes filetieren Sie den Räucherfisch und portionieren diesen. Braten Sie die Stücke in einer Mischung aus Öl und Butter goldbraun an. Achtung: Wenden Sie den Fisch dabei behutsam.

2 Schälen und würfeln Sie die Zwiebeln und streuen diese auf den Fisch. Mischen Sie die Eier mit Kondensmilch und etwas Salz.

3 Gießen Sie die Mischung über den Fisch und würzen Sie anschließend kräftig mit Pfeffer und Salz. Lassen Sie das Ganze bei schwacher Hitze stocken.

4 Servieren Sie das Seemannsfrühstück mit Butterbrötchen.

Tipp: Sie können auch Bückling oder geräucherten Dorsch verwenden.

BAUERNFRÜHSTÜCK

4 Port. 40 Min. Leicht

Zutaten

6 gekochte Kartoffeln
100 g Räucherspeck
1 Zwiebel
6 Eier
Schnittlauch
Salz, Pfeffer

Nährwerte p. P.

438 kcal
48 g Kohlenhydrate
17 g Fett
23 g Eiweiß

1 Häuten Sie die Zwiebel und schneiden Sie diese in Würfel. Schneiden Sie den Speck ebenfalls in kleine Würfel. Schälen Sie die Kartoffeln und schneiden Sie sie in Scheiben.

2 Braten Sie den Speck knusprig an. Fügen Sie als Nächstes die Zwiebeln und Kartoffeln hinzu. Braten Sie alles, bis die Mischung eine goldbraune Farbe annimmt.

3 In der Zwischenzeit können Sie die Eier aufschlagen, mit Salz und Pfeffer würzen und dann direkt über die Kartoffelmischung gießen.

4 Lassen Sie die Eier bei mittlerer Hitze stocken und rühren Sie dabei gelegentlich und vorsichtig um.

5 Stürzen Sie das Ganze vorsichtig auf einen vorgewärmten Teller, wenn die untere Seite goldbraun ist.

6 Hacken Sie den Schnittlauch fein und garnieren Sie das Bauernfrühstück damit.

Tipp: Genießen Sie das Gericht mit einem frischen Salat.

DJUNKA

2 Port.

30 Min.

Leicht

Zutaten

4 Tomaten
1 Mettwürstchen
2 Eier
1 gewürfelte Zwiebel
1 gehäufter EL Mehl
1 Tasse Milch
1 EL Öl
1 Spritzer Maggi
1 Stück Brühwürfel
Je 1 Prise Salz und Pfeffer

Nährwerte p. P.

335 kcal
0 g Kohlenhydrate
28 g Fett
19 g Eiweiß

1 Schneiden Sie das Mettwürstchen klein und braten Sie es mit etwas Öl an. Häuten und würfeln Sie die Zwiebel. Waschen und würfeln Sie die Tomaten und geben Sie diese mit den Zwiebeln hinzu.

2 Geben Sie den Brühwürfel dazu und lassen Sie die Mischung schmoren, bis die Tomaten und Zwiebeln weich sind. Lassen Sie dabei den Deckel geschlossen.

3 Streichen Sie im Anschluss alles durch ein Sieb. Die Flüssigkeit fangen Sie dabei in einem Topf auf.

4 Verquirlen Sie die Eier mit der Milch und dem Mehl. Anschließend geben Sie diese Mischung vorsichtig zum Tomatenbrei. Rühren Sie alles gut um, damit Sie einen cremigen Brei erhalten.

5 Würzen Sie die Mischung mit Maggi, Salz und Pfeffer. Servieren Sie die Tomatenmischung zusammen mit den angebratenen Mettwürstchen.

Tipp: Servieren Sie das Gericht mit Brot und Butter.

Brot und Brötchen

KAISERBRÖTCHEN

12 Port.

3 Std.
20 Min.

Leicht

Zutaten

325 ml kaltes Wasser
½ Würfel Hefe
500 g Weizenmehl
1 TL Zucker
1 ½ TL Salz
5 g Butter

Nährwerte p. P.

175 kcal
35 g Kohlenhydrate
1 g Fett
4 g Eiweiß

1 Mischen Sie das Weizenmehl mit dem Salz. Lösen Sie die Hefe in Wasser auf und geben die Hefe-Wasser-Mischung zum Mehl hinzu. Vermengen Sie alles gut miteinander.

2 Geben Sie die Butter hinzu und kneten den Teig. Lassen Sie den Tag abgedeckt an einem warmen Ort ca. 2 Stunden gehen.

3 Geben Sie den Teig auf eine leicht bemehlte Arbeitsfläche. Teilen Sie den Teig in kleine Teile, um daraus die Brötchen zu formen.

4 Geben Sie diese auf ein Backblech mit Backpapier und lassen diese weitere 30 – 45 Minuten ruhen. Heizen Sie Ofen auf 220 °C Umluft vor.

5 Geben Sie das Blech hinein und backen die Brötchen für ca. 20-25 Minuten. Nehmen Sie die Brötchen heraus und lassen diese auf einem Gitter abkühlen.

Tipp: Die Brötchen können direkt warm gegessen werden. Dazu schmeckt frische Kräuterbutter wunderbar.

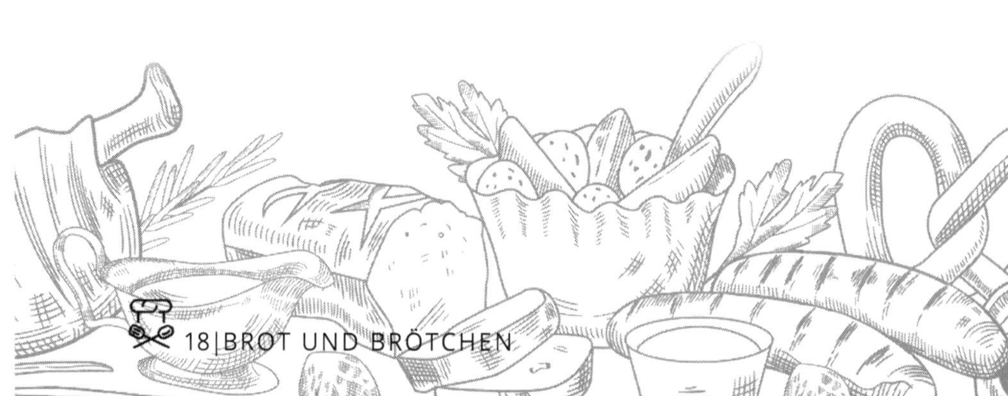

MALFA-KRAFTMA-BROT

1 Port.

1 Tag

Mittel

Zutaten

Roggensauerteig:
135 g Roggenmehl Type 997/1150
135 ml Wasser
30 g Anstellgut
(Anmerkung: Den Sauerteig am Vortag ansetzen und 12–24 Stunden bei Raumtempe-ratur stehen lassen.)

Quellstück:
50 g Malfa Mehl
50 ml Wasser (30° C)

Teig:
250 g Roggenmehl Type 997/1150
90 g Weizenmehl Type 812
300 g Roggensauerteig
Quellstück (bereits in der Liste oben vorbereitet)
10 g Hefe
9 g Salz
150 ml Wasser

Nährwerte p. P.

164 kcal
33 g Kohlenhydrate
0 g Fett
3 g Eiweiß

1 Bereiten Sie am Vortag den Roggensauerteig vor, indem Sie die Zutaten gut miteinander mischen. Lassen Sie diesen abgedeckt an einem dunklen Ort stehen.

2 Vermengen Sie das Malfa Mehl mit Wasser. Decken Sie die Mischung ab, damit sie 30 Minuten quellen kann. Danach ist Ihr Quellstück fertig.

3 Das vorbereitete Quellstück, der Roggensauerteig und die übrigen Zutaten für den Teig werden in eine Schüssel gegeben.

4 Um alles zu verarbeiten, nutzen Sie am besten eine Küchenmaschine. Kneten Sie den Teig darin auf niedriger Stufe für 4 - 6 Minuten. Danach wird der Teig abgedeckt und 30 Minuten ruhen gelassen.

5 Geben Sie den Teig auf eine bemehlte Arbeitsfläche und kneten ihn kurz mit der Hand durch. Anschließend wird er zu einem länglichen oder runden Laib geformt und in ein bemehltes Gärkörbchen gesetzt.

6 Den Teig dann noch gut abdecken und für 45 Minuten an einem warmen Ort gehen lassen. Heizen Sie den Backofen auf 250 °C Ober-/Unterhitze mindestens 30 Minuten vor. Erhitzen Sie dabei ein Backblech mit.

7 Legen Sie ein Stück Backpapier auf einen Brotschieber und stürzen Sie das aufgegangene Brot darauf. Wenn Sie möchten, können Sie das Brot einschneiden,

beispielsweise mit einem Muster.

8 Lassen Sie das Brot 10 Minuten bei 250 °C backen. Öffnen Sie die Ofentür kurz, um den Dampf zu entlassen. So können Sie gleich die Temperatur auf 200 °C reduzieren. Das Brot wird nun weitere 45 - 50 Minuten gebacken.

9 Führen Sie zum Ende der Backzeit eine Klopfprobe durch. Klingt das Brot hohl, ist es fertig gebacken.

10 Lassen Sie das Brot auf einem Gitter vollständig auskühlen.

Tipp: Probieren Sie hierzu die leckere Kräuterbutter. Das Rezept finden Sie unter den Frühstücksrezepten.

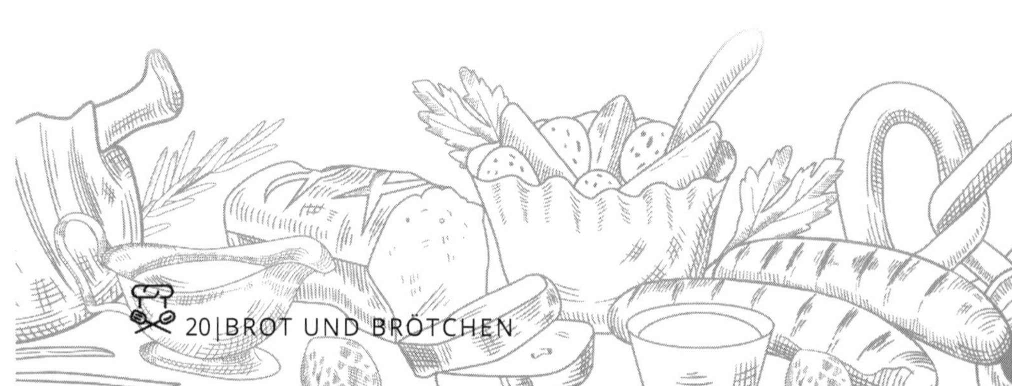

OMAS BRÖTCHEN

5 Port. 2 Std. Mittel

Zutaten

½ Würfel Hefe
1 kg Mehl Type 550
20 g Salz
5 g Zucker
400 ml lauwarmes Wasser
200 ml Milch oder Molke

Nährwerte p. P.

177 kcal
36 g Kohlenhydrate
0 g Fett
5 g Eiweiß

1 Geben Sie die Hefe in etwas lauwarmes Wasser und lösen diese darin auf. Mischen Sie außerdem die Milch und das Wasser.

2 Geben Sie die trockenen Zutaten in eine große Schüssel. Fügen Sie das Gemisch aus Milch und Wasser sowie die aufgelöste Hefe hinzu. Verkneten Sie alles zu einem geschmeidigen Teig.

3 Aus dem Teig formen Sie eine Kugel, bestäuben diese leicht mit Mehl und lassen dann die Teigkugel abgedeckt an einem warmen Ort für ca. 60 Minuten gehen.

4 Nach der Ruhezeit sollte sich der Teig verdoppelt haben, dann legen Sie ihn auf eine leicht bemehlte Fläche und formen eine Rolle daraus. Die Rolle teilen Sie in 20 gleich große Stücke.

5 Aus jedem Stück formen Sie Ihre Brötchen und legen diese auf ein mit Backpapier ausgelegtes Backblech. Bedecken Sie die Brötchen mit einem Tuch und lassen Sie sie für weitere 20 Minuten ruhen. Heizen Sie in dieser Zeit Ihren Backofen auf 220 °C (Ober- /Unterhitze) vor.

6 Stellen Sie eine feuerfeste Schale mit Wasser auf den Boden des Backofens. So wird verhindert, dass die Brötchen trocken werden. Nach 10 Minuten Ruhezeit schneiden Sie die Oberseite der Brötchen ein und lassen diese weitere 10 Minuten ruhen.

7 Bestreichen Sie die Brötchen vor dem Backen mit Wasser und backen Sie diese im vorgeheizten Ofen für ungefähr 20 Minuten goldbraun.

8 Nehmen Sie die Brötchen heraus und lassen diese auskühlen. Sie können sie auch warm genießen.

Tipp: Funktioniert auch mit dunklen Mehlsorten und die Brötchen können beispielsweise mit Sonnenblumenkernen verfeinert werden.

DETSCHERDE

1 Port.

20 Min.

Leicht

Zutaten

2 Eier
2 Tassen Milch
500 g Mehl
Mehl für die Arbeitsfläche
1 Pck. Backpulver
1 Pck. Vanillezucker
1 Prise Salz
etwas Zucker
Öl zum Ausbacken

Nährwerte p. P.

177 kcal
36 g Kohlenhydrate
0 g Fett
5 g Eiweiß

1 Schlagen Sie die Eier auf und verquirlen Sie diese. Fügen Sie die Milch hinzu und mischen beides gut miteinander.

2 Geben Sie Mehl, Backpulver, 1 Prise Salz und Vanillezucker zusammen in eine weitere Schüssel.

3 Wer mag, kann auch etwas Zucker hinzufügen. Vermengen Sie die trockenen Zutaten nun gut miteinander.

4 Geben Sie die Mischung langsam zu der Eiermischung und rühren dabei gut um, bis ein glatter Teig entsteht.

5 Lassen Sie den Teig 10-15 Minuten ruhen. Erhitzen Sie etwas Öl in einer Pfanne.

6 Schöpfen Sie mit einer Kelle etwas Teig in die Pfanne und verteilen ihn gleichmäßig. Backen Sie Ihre Detscherde von beiden Seiten goldbraun aus.

7 Legen Sie die fertigen Detscherde auf einen Teller und servieren Sie diese heiß.

Tipp: Wenn Sie während des Ausbackens bemerken, dass der Teig zu dick ist, können Sie noch etwas Milch hinzufügen, um die gewünschte Konsistenz zu erreichen.

KAISERBROT

12 Port.

3 Std. 20 Min.

Leicht

Zutaten

325 ml kaltes Wasser
½ Würfel Hefe
500 g Weizenmehl
1 TL Zucker
1 ½ TL Salz
5 g Butter

Nährwerte p. P.

180 kcal
36 g Kohlenhydrate
0 g Fett
5 g Eiweiß

1 Mischen Sie das Weizenmehl mit dem Salz. Lösen Sie die Hefe in Wasser auf und geben die Hefe-Wasser-Mischung zum Mehl hinzu. Vermengen Sie alles gut miteinander.

2 Geben Sie die Butter hinzu und kneten den Teig. Er sollte schön elastisch sein. Legen Sie den Teig in eine Schüssel und decken diese ab. Stellen Sie diese an einen warmen Ort und lassen Sie den Teig für 2 Stunden gehen. Seine Größe sollte sich verdoppeln.

3 Geben Sie den Teig auf eine leicht bemehlte Arbeitsfläche. Bereiten Sie die gewünschte Brotform vor und legen den Teig hinein.

4 Nun darf der Teig weitere 30-45 Minuten ruhen. Heizen Sie den Ofen auf 220 °C Umluft vor.

5 Geben Sie das Brot hinein und backen es für ca. 25-30 Minuten. Nehmen Sie das Brot heraus und lassen es auf einem Gitter abkühlen.

Tipp: Führen Sie den Klopftest auf der Unterseite des Brotes durch. Klingt es hohl, ist das Brot fertig.

WEIZENBROT

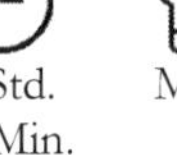

1 Port. 1 Std. 15 Min. Mittel

Zutaten

1 TL Zucker
2 gestr. TL Salz
1 EL Olivenöl
350 ml Wasser, lauwarm
1 Tüte Trockenhefe
500 g Weizenmehl
Mehl für die Arbeitsfläche

Nährwerte p. P.

1935 kcal
389 Kohlenhydrate
12 g Fett
55 g Eiweiß

1 Geben Sie alle Zutaten nacheinander in eine Schüssel. Vermengen Sie die Zutaten mit einem Holzlöffel. Decken Sie die Schüssel ab und lassen den Teig ca. 30 Minuten ruhen.

2 Legen Sie Backpapier in eine Brotbackform.

3 Geben Sie Mehl auf Ihre Arbeitsfläche und legen den Teig darauf. Mehlen Sie diesen sowie Ihre Hände ebenfalls ein.

4 Kneten Sie den Teig erneut durch und geben ihn in die vorbereitete Form. Streichen Sie mit einem befeuchteten Backpinsel darüber, damit die Oberfläche schön glatt wird.

5 Mit einem Messer können Sie nun längs in die Teigoberfläche schneiden. Nun schieben Sie die Form in den kalten Backofen. Stellen Sie den Ofen dann an.

6 Die Backzeit startet, sobald die gewünschte Temperatur von 170 °C Ober- /Unterhitze erreicht ist. Nach ca. 40 Minuten ist das Brot fertig.

Tipp: Sie können anstelle eines Längsschnittes auch ein Muster hineinschneiden

OMAS BRÖTCHEN

10 Port.

1 Std. 17 Min.

Leicht

Zutaten

1 Würfel Hefe
250 ml Wasser
500 g Weizenmehl
2 TL Salz
1 Prise Zucker

Nährwerte p. P.

196 kcal
39 g Kohlenhydrate
0 g Fett
6 g Eiweiß

1 Geben Sie zuerst das Wasser, die Hefe und den Zucker in einen Mixtopf. Erwärmen Sie die Mischung bei 37 °C auf Stufe 1 für ca. 2 Minuten.

2 Geben Sie nun die restlichen Zutaten dazu und verarbeiten Sie die Masse ca. 3 Minuten zu einem glatten Teig. Füllen Sie den Teig in eine Schüssel um und decken ihn ab.

3 Nun kann er etwa 45 Minuten ruhen. Nehmen Sie den Teig heraus und teilen ihn in 10 gleich große Stücke, aus denen Sie die Brötchen formen.

4 Schneiden Sie die Oberfläche kreuzförmig ein. Besprühen Sie die Brötchen dann mit Wasser und lassen diese für 20 Minuten ruhen.

5 Heizen Sie den Backofen auf 230 °C Ober-/Unterhitze vor. Stellen Sie einen Teller mit Wasser unten in den Backofen.

6 Besprühen Sie die Brötchen nochmals mit Wasser, schieben Sie diese in den Ofen und backen Sie sie ca. 15-20 Minuten , bis sie goldbraun sind.

Tipp: Zum Besprühen nutzen Sie am besten eine Sprühflasche.

SAUERTEIGBROT AUS DER DDR

1 Port.

3 Std.; 22 h Vorbereitungszeit

Mittel

Zutaten

Sauerteig:
200 ml Wasser (lauwarm)
200 g Roggenmehl Type 1150
50 g Anstellgut (Roggensauerteig)

Teig:
400 g Sauerteig
295 ml Wasser
290 g Roggenmehl Type 1150
210 g Weizenmehl Type 812
14 g Salz

Nährwerte p. P.

2456 kcal
519 g Kohlenhydrate
15 g Fett
75 g Eiweiß

1 Vermengen Sie die Zutaten für den Sauerteig und lassen Sie diesen 22 Stunden bei Raumtemperatur gären. Anschließend die übrigen Zutaten hinzufügen und gut verkneten.

2 Den Teig anschließend 30 Minuten ruhen lassen, danach zu einem Brotlaib formen. Geben Sie den Teig in ein Gärkörbchen und lassen ihn weitere 45 Minuten gehen.

3 Danach den Teig aus dem Korb stürzen und mit Stärkewasser bestreichen, dann oberflächlich einschneiden.

4 Schieben Sie das Brot bei 250 °C in den vorgeheizten Ofen. Nach 10 Minuten senken Sie die Temperatur auf 220 °C und lassen das Brot weitere 35 Minuten backen.

Tipp: Lassen Sie den Teig unbedingt in einem Gärkörbchen ziehen, da er einen hohen Wasseranteil hat, damit zu weich ist und die Backzeit sich sonst verlängern könnte.

SONNTAGSBROT

1 Port. 2 Std. Leicht

Zutaten

250 ml (reichlich) lauwarmes Wasser
450 g Weizenauszugsmehl
40 g frische Hefe
1 TL Zucker
1 gestr. TL Salz

Nährwerte p. P.

1594 kcal
332 g Kohlenhydrate
7 g Fett
60 g Eiweiß

1 Sieben Sie das Mehl in eine große Schüssel und geben das Salz dazu. Zerbröseln Sie die Hefe und mischen diese mit etwas Wasser und Zucker.

2 Formen Sie in der Mitte der Mehlmischung eine Mulde und geben die Hefe-Wasser-Mischung hinein.

3 Stäuben Sie ein wenig Mehl darüber und warten Sie, bis sich Bläschen auf der Oberfläche bilden. Geben Sie nun die Milch dazu und kneten alles gut durch.

4 Geben Sie bei Bedarf noch etwas Mehl hinzu und verkneten Sie alles gut miteinander.

5 Decken Sie den Teig mit einem feuchten Tuch ab und stellen ihn an einen warmen Ort. Dort kann er ca. 1 Stunde ruhen.

6 Formen Sie einen Brotlaib und geben diesen auf ein eingefettetes Backblech. Schneiden Sie den Teig leicht ein und lassen ihn erneut kurz ruhen.

7 Bestreichen Sie das Brot mit lauwarmer Milch und backen Sie es ca. 15 Minuten im oberen Teil des Ofens.

8 Stellen Sie das Brot in die Ofenmitte und lassen es weitere 20 Minuten bei mittlerer Hitze backen.

Tipp: Alternativ können Sie 125 ml Milch und 125 ml Wasser mischen.

Suppen und Eintöpfe

SOLJANKA

4 Port. 35 Min. Leicht

Zutaten

1 Knoblauchzehe
1 TL Gemüsebrühe
1 EL Paprika, edelsüß
1 TL Paprika, rosenscharf
1 große Zwiebel
1 große Paprika
2 Lorbeerblätter
5 Gewürzgurken
10 g Tomatenmark
70 ml Gurkenwasser
75 g gewürfelter Speck
200 g Geflügelfleischwurst
250 g Salami
400 ml Wasser
400 g stückige Tomaten
Salz und Pfeffer
Olivenöl

Nährwerte p. P.

438 kcal
12 g Kohlenhydrate
32 g Fett
18 g Eiweiß

1 Erhitzen Sie in einem Topf das Olivenöl. Geben Sie den Speck hinein und braten ihn gut an. Fügen Sie das Tomatenmark hinzu.

2 Häuten und schneiden Sie die Zwiebel in Ringe und halbieren diese. Pressen Sie den gehäuteten Knoblauch aus. Geben Sie beides in den Topf und dünsten alles mit an.

3 Schneiden Sie die Salami und die Fleischwurst in Würfel. Waschen, halbieren, entkernen und würfeln Sie die Paprika. Geben Sie nun die Fleischwurst und die stückigen Tomaten in den Topf. Geben Sie Gurkenwasser und Leitungswasser hinzu und rühren alles gut um.

4 Würzen Sie die Soljanka mit Paprikapulver, Gemüsebrühe, Lorbeerblättern sowie Salz und Pfeffer. Schneiden Sie die Gewürzgurken und fügen diese mit der Salami hinzu.

5 Lassen Sie alles 30 Minuten lang köcheln und servieren Sie die Suppe warm.

Tipp: Dieses Rezept eignet sich wunderbar, um Reste zu verwerten.

ERBSENSUPPE

10 Port. 2 Std. Mittel

Zutaten

500 g getrocknete grüne Erbsen (vor dem Kochen 12 Stunden einweichen)
100 g Rauchspeck
1 Lorbeerblatt
2 Bund Suppengemüse (Wurzelgemüse, Möhren; Sellerie beiseitelegen)
500 g Kartoffeln
Bratfett
1–2 Zwiebeln
Sellerie (vom Suppengemüse-Bund)
8 Frankfurter Würstchen
Majoran
Salz, Pfeffer

Nährwerte p. P.

451 kcal
55 g Kohlenhydrate
15 g Fett
24 g Eiweiß

1 Legen Sie die getrockneten Erbsen in einen großen Topf und bedecken Sie diese mit 2 Litern Wasser. Lassen Sie sie über Nacht einweichen.

2 Stellen Sie den Topf auf den Herd und bringen Sie die Erbsen zum Kochen. Fügen Sie nach 30 Minuten den Rauchspeck hinzu und lassen alles weitere 30 Minuten kochen. Häuten und waschen Sie das Suppengemüse und die Kartoffeln, schneiden Sie das Gemüse in Würfel.

3 Geben Sie alles in die Suppe und lassen es weiterköcheln. Schälen Sie nun die Zwiebeln und würfeln diese fein. Anschließend dünsten Sie die Zwiebeln in heißem Bratfett an. Geben Sie die Zwiebeln dazu.

4 Legen Sie den Sellerie in die Suppe und lassen alles für weitere 30 Minuten bei niedriger Hitze köcheln. Nehmen Sie den Sellerie, das Lorbeerblatt und den Rauchspeck aus dem Topf. Legen Sie den Speck beiseite.

5 Pürieren Sie den Topfinhalt, bis alles schön sämig ist. Schneiden Sie den Rauchspeck in Würfel und geben ihn zurück in die Suppe.

6 Fügen Sie die Würstchen der Suppe hinzu und lassen diese etwa 20 Minuten lang mitkochen.

7 Schmecken Sie die Suppe mit Majoran, Salz und Pfeffer ab.

Tipp: Geben Sie frische Petersilie hinein, diese verfeinert den Geschmack.

HÜHNERSUPPE

4 Port.

2 Std.

Mittel

Zutaten

1 Suppenhuhn (küchenfertig)
2 L Wasser
1 Bund Suppengrün
evtl. Gemüse der Saison
200 g Suppennudeln
Salz
1 Zwiebel
1 Lorbeerblatt
½ TL schwarze Pfefferkörner
2 Gewürznelken
etwas Brühe

Nährwerte p. P.

675 kcal
6 g Kohlenhydrate
51 g Fett
48 g Eiweiß

1 Spülen Sie das küchenfertige Huhn gründlich unter fließendem Wasser ab und legen Sie es in einen Topf mit Salzwasser.

2 Setzen Sie den Topf auf den Herd und lassen Sie das Wasser aufkochen. In der Zwischenzeit können Sie die Zwiebel schälen, mit den Nelken bestücken und zusammen mit Lorbeerblatt und Pfefferkörnern zum Wasser hinzufügen.

3 Sobald das Wasser kocht, reduzieren Sie die Hitze auf mittleres Niveau. Entfernen Sie die Gewürze nach rund 30 Minuten.

4 Fügen Sie das klein geschnittene Gemüse nach einer weiteren Stunde Kochzeit hinzu, würzen Sie mit Brühe und lassen Sie es weitere 30 Minuten köcheln.

5 Nehmen Sie danach das Huhn aus der Suppe und lassen Sie es etwas abkühlen.

6 Entfernen Sie die Haut, lösen Sie das Fleisch von den Knochen, schneiden Sie es in mundgerechte Stücke und geben Sie es zurück in die Brühe.

7 In einem separaten Topf die Suppennudeln garen und dann zur Hühnerbrühe hinzufügen.

Tipp: Geben Sie die Suppe nach der ersten Stunde durch ein Sieb, um überflüssiges Fett zu entfernen. Geben Sie frisches Gemüse zur Suppe.

KESSELGULASCH

4 Port.

1,5 Std.

Mittel

Zutaten

500 g Gulaschfleisch
500 g Zwiebeln
500 g Kartoffeln
200 g Tomaten
200 g Sellerie
100 g Möhren
100 ml Öl
2 ½ L Brühe
1 Knoblauchzehe
Salz, Pfeffer
Edelsüßpaprika

Nährwerte p. P.

707 kcal
43 g Kohlenhydrate
42 g Fett
36 g Eiweiß

1 Häuten und schneiden Sie die Zwiebeln in Ringe. Geben Sie etwas Öl in einen großen Topf und braten Sie die Zwiebelringe darin goldbraun an.

2 Währenddessen das Gulaschfleisch grob hacken und mit Salz, Pfeffer, Edelsüßpaprika und zerdrücktem Knoblauch gut vermengen.

3 Fügen Sie das gewürzte Fleisch zu den angebratenen Zwiebeln und braten Sie es scharf an, bis es rundherum gut gebräunt ist.

4 Nun geben Sie die gewürfelten Kartoffeln und das in Stücke geschnittene Gemüse in den Topf. Gießen Sie die Brühe darüber, sodass alles gut bedeckt ist, und lassen Sie das Ganze bei mittlerer Hitze schmoren, bis Fleisch und Gemüse weich sind.

5 Schmecken Sie die Mischung mit Salz, Pfeffer und Paprika ab, je nach Ihrem Geschmack. Wenn Sie möchten, können Sie frische Paprikastücke oder Letscho zur weiteren Verfeinerung hinzufügen.

6 Servieren Sie das Gulasch heiß und reichen Sie frisches Weißbrot oder knusprige Brötchen dazu. Guten Appetit!

Tipp: Dazu passt frisches Brot, kann aber auch als Fleischgericht mit Kartoffeln, Klößen, Reis oder Nudeln gegessen werden.

MÖHRENSUPPE

4 Port.

45 Min.

Mittel

Zutaten

Petersilie
1 Zwiebel
4 Paar Wiener Würstchen
500 g Kartoffeln
750 g Möhren
1 ¼ L Brühe
1/8 L Sahne oder Kondensmilch
1 ½ EL Mehl
Salz
Paprika

Nährwerte p. P.

587 kcal
50 g Kohlenhydrate
15 g Fett
9 g Eiweiß

1 Schälen und würfeln Sie zunächst die Karotten und Kartoffeln. Nun können Sie die Zwiebel häuten und in feine Ringe schneiden.

2 Geben Sie das vorbereitete Gemüse in einen großen Topf. Gießen Sie die Brühe hinein. Lassen Sie die Suppe auf mittlerer Hitze köcheln, bis das Gemüse weich ist.

3 Nachdem alles gut durchgekocht ist, würzen Sie die Suppe mit Salz und Paprika nach Geschmack.

4 Rühren Sie die gehackte Petersilie unter und fügen Sie schließlich die Wiener Würstchen hinzu, um sie in der heißen Suppe zu erwärmen.

Tipp: Die Suppe schmeckt auch mit Fleischklößchen.

PILZSUPPE

4 Port. 1 Std. Leicht

Zutaten

1 L Wasser oder Fleischbrühe
200 g Pilze
40 g Fett
30 g Mehl
250 ml Sahne
Salz
Paprikagewürz
Petersilie zum Servieren

Nährwerte p. P.

311 kcal
8 g Kohlenhydrate
30 g Fett
3 g Eiweiß

1 Säubern Sie die Pilze und schneiden diese in feine Stücke. Geben Sie das Fett in einen mittelgroßen Topf und lassen es schmelzen.

2 Fügen Sie die zerkleinerten Pilze hinzu und dünsten Sie diese bei niedriger Hitze für ungefähr 10 Minuten.

3 Verteilen Sie nun das Mehl sorgfältig über die Pilze und rühren Sie kontinuierlich, während Sie langsam das Wasser hinzugießen.

4 Integrieren Sie abschließend die Sahne und bringen Sie die Suppe zum Köcheln. Würzen Sie nach Ihrem Geschmack.

5 Bevor Sie die Suppe servieren, garnieren Sie sie mit frisch gehackter Petersilie.

Tipp: Schmeckt am besten mit frischen Pilzen aus dem Wald.

ZWIEBELSUPPE

6 Port. 50 Min. Leicht

Zutaten

1 EL Margarine
250 g Zwiebeln
1,25 L Brühe
3–4 EL Mehl
2 Schmelzkäseecken
Salz, Pfeffer
Paprikagewürz
1 Prise Zucker

Nährwerte p. P.

92 kcal
8 g Kohlenhydrate
3 g Fett
2 g Eiweiß

1 Schälen Sie zuerst die Zwiebeln und hacken Sie sie anschließend fein. In einem Topf erhitzen Sie die Margarine und braten die Zwiebeln darin glasig.

2 Verteilen Sie nun das Mehl gleichmäßig über die Zwiebeln und rühren alles gut durch, sodass keine Klümpchen entstehen.

3 Geben Sie den Schmelzkäse hinzu und rühren Sie weiter, bis eine homogene Masse entsteht. Gießen Sie schluckweise die heiße Brühe hinzu und rühren Sie dabei ständig um.

4 Lassen Sie die Suppe kurz aufkochen und schmecken Sie sie anschließend mit Salz, Pfeffer, Paprika und einer Prise Zucker ab.

Tipp: Servieren Sie die Suppe mit frischen Kräutern und etwas Zitronensaft für den besseren Geschmack.

SCHARFE SAUERKRAUTSUPPE

4 Port. 55 Min. Mittel

Zutaten

20 g Butter oder Margarine
½ Zwiebel
1 Möhre
325 g Kartoffeln, roh
½ Chilischote, rot
100 g Cabanossi
400 g Sauerkraut, abgetropft
200 g Tomaten, geschält, aus der Dose
150 g Bohnen, weiß, aus der Dose
50 g Kidneybohnen, aus der Dose
½ L Fleischbrühe
¼ Bund Petersilie

Nährwerte p. P.

300 kcal
36 g Kohlenhydrate
10 g Fett
13 g Eiweiß

1 Schälen Sie zuerst die Zwiebel und würfeln Sie diese. Säubern Sie die Möhre und schneiden diese in Scheiben. Die Kartoffeln können Sie nun schälen, gründlich abspülen und würfeln.

2 Waschen Sie die Chilischote, befreien Sie diese von den Kernen und hacken Sie sie fein.

3 Spülen Sie die weißen Bohnen und Kidneybohnen in einem Sieb ab und lassen diese abtropfen. Lassen Sie das Sauerkraut ebenfalls abtropfen. Die Cabanossi können Sie in Scheiben schneiden.

4 Erhitzen Sie die Butter in einem großen Topf und dünsten darin die Zwiebeln an. Geben Sie danach die Möhrenscheiben, Kartoffelwürfel und zerkleinerte Chili hinzu und braten alles an.

5 Füllen Sie alles mit Fleischbrühe auf, geben Sie die Dosentomaten und das Sauerkraut dazu. Lassen Sie die Suppe für etwa 20 Minuten auf mittlerer Hitze köcheln, sodass das Gemüse gar wird.

6 Fügen Sie die Bohnen und die Cabanossi hinzu und lassen Sie alles weitere 5 Minuten mit geschlossenem Deckel köcheln.

7 Waschen Sie die Petersilie und hacken diese fein. Streuen Sie die Petersilie auf die Suppe, wenn diese serviert wird.

Tipp: Geben Sie geräuchertes Paprikapulver für eine rauchige Note hinzu.

KARTOFFELSUPPE

4 Port. 1 Std. Mittel

Zutaten

2 Zwiebeln
100 g Kartoffeln
120 g Räucherspeck
1 Bund Suppengrün
1,5 L Rinderbrühe
4 Bockwürstchen
1 TL getrockneter Majoran
Salz, Pfeffer
Muskatnuss

Nährwerte p. P.

339 kcal
15 g Kohlenhydrate
14 g Fett
24 g Eiweiß

1 Schälen Sie zunächst die Kartoffeln und spülen diese unter fließendem Wasser ab. Schneiden Sie die Kartoffeln in kleine Würfel.

2 Häuten Sie die Zwiebeln und würfeln Sie diese. Schneiden Sie den Räucherspeck in Würfel und braten diesen in einem großen Topf an, bis er knusprig ist.

3 Nehmen Sie den Räucherspeck heraus und stellen diesen beiseite. Dünsten Sie die Zwiebelwürfel im gleichen Topf an. Geben Sie die Kartoffelwürfel hinzu und braten Sie diese kurz an.

4 Anschließend gießen Sie die Fleischbrühe auf und lassen die Suppe bei mittlerer Hitze etwa 20 Minuten köcheln. Waschen Sie das Suppengrün und hacken es fein.

5 Wenn die Kartoffeln weich gekocht sind, können Sie die Suppe mit einem Pürierstab pürieren.

6 Geben Sie das Suppengrün und den Majoran zur Suppe und lassen alles weitere 10 Minuten köcheln.

7 Würzen Sie die Suppe mit Salz, Pfeffer und Muskat. Geben Sie die Speckwürfel und Bockwürstchen hinein und erhitzen alles erneut.

8 Füllen Sie die Kartoffelsuppe in Schüsseln und servieren diese mit den Bockwürstchen.

Tipp: Wer die Bockwurst nicht im Ganzen mag, kann diese auch in Scheiben schneiden.

Fleischgerichte

KOHLROULADEN

4 Port. 1,5 Std. Mittel

Zutaten

500 ml Brühe
1 Weißkohl
100 g Speckwürfel
500 g gemischtes Hackfleisch
1 Zwiebel
1 Brötchen
1 Ei
200 ml Sahne
Salz, Pfeffer, Majoran
Paprikapulver, rosenscharf
1 EL Senf

Nährwerte p. P.

680 kcal
16 g Kohlenhydrate
53 g Fett
35 g Eiweiß

1 Geben Sie den Weißkohl zum Blanchieren in einen Topf mit Wasser.

2 Schneiden Sie acht Blätter ab und geben Sie diese zum Abschrecken in Eiswasser. Tupfen Sie die Kohlblätter mit einem Küchentuch leicht trocken.

3 Geben Sie das Brötchen in kaltes Wasser und lassen es einweichen. Nehmen Sie es wieder heraus und drücken es gut aus. Häuten und würfeln Sie die Zwiebel.

4 Geben Sie das Hackfleisch, das Ei, das ausgedrückte Brötchen, den Senf, die Zwiebel, das Salz, den Pfeffer und rosenscharfes Paprikapulver in eine Rührschüssel und verkneten alles miteinander.

5 Geben Sie nach Geschmack getrockneten Majoran hinzu. Formen Sie acht Hackfleischbällchen und wickeln Sie diese in die Kohlblätter ein.

6 Geben Sie die Kohlrouladen zusammen mit den Speckwürfeln in einen großen Topf und braten diese scharf an. Wenn es duftet, können Sie die Kohlrouladen wenden und nach ca. 3 Minuten mit der Brühe übergießen.

7 Decken Sie den Topf mit den Kohlrouladen zu und lassen diese für etwa 30 Minuten schmoren. Nehmen Sie nach der Schmorzeit die Kohlrouladen aus der Pfanne.

8 Geben Sie Sahne zur Flüssigkeit im Topf hinzu und lassen diese etwas reduzieren. Schmecken Sie nochmals mit etwas Salz und Pfeffer ab. Servieren Sie die Kohlrouladen heiß und übergießen Sie sie mit der Soße.

Tipp: Dieses Rezept funktioniert auch mit Wirsingkohl.

HÜHNERFRIKASSEE

4 Port. 30 Min. Mittel

Zutaten

1 Suppenhuhn
400 ml Hühnerbrühe (entsteht beim Kochen des Hühnchens)
150 g Möhren
150 g weiße Champignons
150 g Erbsen
25 g Butter
25 g Mehl
100 ml Sahne
1 Spritzer Zitronensaft
Salz, Pfeffer
1 große Zwiebel
1–2 Möhren
½ Sellerie
1 Stange Porree

Nährwerte p. P.

467 kcal
15 g Kohlenhydrate
19 g Fett
63 g Eiweiß

1 Putzen Sie eine Möhre, den Sellerie und den Porree. Schneiden Sie das Gemüse klein und geben es in einen Topf. Häuten und vierteln Sie die Zwiebel und geben diese ebenfalls in den Topf.

2 Geben Sie das Suppenhuhn zum Gemüse und gießen alles mit ca. 700 ml (je nach Größe des Hühnchens) Salzwasser auf. Bringen Sie das Ganze zum Kochen.

3 Nehmen Sie das Hühnchen heraus, sobald das Fleisch schön weich ist, und lassen es etwas abkühlen.

4 Trennen Sie dann das Fleisch von den Knochen. Die Brühe behalten Sie für später. Schälen Sie die restlichen Möhren und schneiden diese in Scheiben. Reinigen Sie die Champignons und schneiden diese klein.

5 Lassen Sie die Butter in einem Topf schmelzen und fügen Sie das Mehl hinzu. Unter ständigem Rühren mit einem Schneebesen kann das Mehl anschwitzen, bis es eine goldgelbe Farbe annimmt.

6 Gießen Sie die Hühnerbrühe hinzu und rühren dabei stetig um. Lassen Sie die Mischung kurz aufkochen und fügen Sie die Sahne, das Fleisch, die Champignons, die Möhren und die Erbsen hinzu.

7 Lassen Sie alles 5-8 Minuten köcheln. Würzen Sie das Hühnerfrikassee mit einem Spritzer Zitronensaft, Salz und Pfeffer.

Tipp: Sie können auch Reste vom Brathähnchen verwenden oder Hühnchenbrust. Wer mag, kann außerdem die Haut mitverwerten.

WÜRZFLEISCH

4 Port.

1 Std. 30 Min.

Mittel

Zutaten

4 Toastscheiben
500 g Schweineschnitzel
1 Zwiebel
1 Lorbeerblatt
200 g geriebener Gouda
1 L gekörnte Brühe
100 ml Weißwein
2 EL Butter
4 EL Mehl
Salz, Pfeffer
Worcestersoße
Piment
2 EL Zitronensaft

Nährwerte p. P.

650 kcal
50 g Kohlenhydrate
34 g Fett
35 g Eiweiß

1 Häuten und vierteln Sie die Zwiebel. Kochen Sie das Fleisch zusammen mit der Zwiebel, dem Lorbeerblatt, Piment sowie Salz und Pfeffer in der Brühe. Sobald das Fleisch gar ist, nehmen Sie es aus der Brühe heraus und lassen es abkühlen.

2 Schneiden Sie das Fleisch in kleine Würfel. Erhitzen Sie Butter in einer Pfanne. Streuen Sie das Mehl darüber und vermengen Sie beides gut miteinander.

3 Rühren Sie nach und nach die Brühe unter, bis eine gleichmäßige Konsistenz entsteht.

4 Fügen Sie Worcestersoße, den Saft einer halben Zitrone, Weißwein sowie Salz und Pfeffer hinzu. Geben Sie das Fleisch in die Soße und vermischen alles gut.

5 Füllen Sie das Würzfleisch in kleine feuerfeste Förmchen und bestreuen Sie es mit geriebenem Gouda.

6 Überbacken Sie das Ganze im Ofen bei Oberhitze und 180 °C, bis der Käse geschmolzen und leicht gebräunt ist.

7 Servieren Sie das Würzfleisch mit einer Zitronenscheibe, Toastbrot und dazu die Worcestersoße.

Tipp: Sie können einen kleinen Schuss Cognac oder Sherry für einen besonderen Geschmack zur Soße hinzufügen.

GEMISCHTES GULASCH

4 Port.

2 Std.

Leicht

Zutaten

½ Glas Rotwein
250 g Rindfleisch
250 g Schweinefleisch
80 g Speck
3 große Zwiebeln
½ L Brühe oder Wasser
1/8 L saure Sahne
30 g Mehl
1 Lorbeerblatt
5 Gewürzkörner
Salz
Paprika

Nährwerte p. P.

500 kcal
15 g Kohlenhydrate
30 g Fett
35 g Eiweiß

1 Schneiden Sie das Fleisch in mundgerechte Stücke. Häuten Sie die Zwiebeln und schneiden diese in Ringe.

2 Nehmen Sie die Fleischwürfel und braten Sie diese in den ausgelassenen Speckstückchen kräftig an.

3 Während Ihr Fleisch eine schöne Bräune annimmt, salzen Sie es leicht und bestäuben es mit etwas Mehl. Fügen Sie nun Zwiebelringe und die gewählten Gewürze hinzu.

4 Gießen Sie anschließend saure Sahne über Ihr Fleisch und lassen Sie die Flüssigkeit ein wenig einkochen.

5 Füllen Sie dann heiße Brühe, die Gewürzkörner und das Lorbeerblatt dazu und lassen Sie Ihr Fleisch unter gelegentlichem Rühren bei geschlossenem Deckel schmoren.

6 Rühren Sie das Mehl unter, damit die Soße schön sämig wird. Verfeinern Sie Ihr Gericht mit einem Hauch Paprika und einem guten Schuss Rotwein.

Tipp: Für einen noch besseren Geschmack können Sie das Gulasch zusätzlich mit Knoblauch, Pfeffer und Kümmel würzen.

RINDERBRATEN

4 Port.

1 Std.
55 Min.

Mittel

Zutaten

1,5 kg Rinderbraten
Salz
Pfeffer
Öl zum Anbraten
100 g Zwiebeln
3 Knoblauchzehen
100 g Karotten
100 g Knollensellerie
1 EL Tomatenmark
100 ml Rotwein
1 L Brühe
1 TL Piment
1 TL Wacholderbeeren
1 TL Pfefferkörner
2 Lorbeerblätter
2 Rosmarinzweige

Nährwerte p. P.

652 kcal
7 g Kohlenhydrate
12 g Fett
122 g Eiweiß

1 Häuten Sie die Zwiebel und den Knoblauch. Im Anschluss wird beides geviertelt. Schälen und waschen Sie die Karotten und den Sellerie. Schneiden Sie beides in grobe Würfel.

2 Geben Sie etwas Öl in einen Bräter und erhitzen Sie es. Geben Sie das Fleisch hinein und braten Sie es von allen Seiten goldbraun an.

3 Heben Sie anschließend das Fleisch aus dem Bräter und setzen Sie mit dem Gemüse im selben Topf fort. Sobald das Gemüse leicht angebraten ist, fügen Sie das Tomatenmark hinzu und vermengen alles gut miteinander.

4 Begießen Sie den Bräter mit Rotwein und Brühe. Geben Sie die Gewürze in ein Tee-Ei und dieses mit in den Topf. Würzen Sie das Fleisch kräftig mit Salz und Pfeffer und geben es zurück in den Bräter.

5 Setzen Sie den Deckel darauf und lassen alles bei mittlerer Hitze für etwa 2 Stunden schmoren.

6 Nehmen Sie den Braten heraus und legen ihn beiseite. Entfernen Sie das Tee-Ei und die Kräuter aus dem Bräter.

7 Pürieren Sie die verbliebene Soße und schmecken diese mit Salz und Pfeffer ab. Schneiden Sie den Rinderbraten gegen die Faser und servieren diesen mit der Soße. Dazu passen Kartoffeln wunderbar.

Tipp: Wenn die Soße zu dick ist, können Sie etwas Brühe hineinrühren. Ist sie zu dünn, rühren Sie etwas Stärke hinein.

SCHWEINEBRATEN

4 Port.

2 Std. 10 Min.

Mittel

Zutaten

1 Msp. getrockneter Rosmarin
1 kg Kotelettstück, ohne Knochen
6 Zwiebeln
2 Knoblauchzehen
5 EL Öl
500 ml Fleischbrühe
2 Prisen Salz
2 Prisen Pfeffer

Nährwerte p. P.

700 kcal
15 g Kohlenhydrate
50 g Fett
40 g Eiweiß

1 Spülen Sie zunächst das Kotelettstück unter fließendem Wasser gründlich ab und tupfen es mit Küchenpapier trocken.

2 Häuten Sie die Zwiebeln und den Knoblauch und hacken Sie beides grob. Erhitzen Sie das Öl in einem Schmortopf.

3 Würzen Sie das Fleisch rundum mit Salz und Pfeffer und braten Sie es von allen Seiten schön braun an.

4 Reduzieren Sie die Hitze und fügen Sie die gehackten Zwiebeln und den Knoblauch hinzu. Dünsten Sie beides kurz mit an.

5 Löschen Sie das Fleisch mit der Hälfte der Fleischbrühe ab und streuen Sie eine Prise Rosmarin darüber.

6 Lassen Sie den Braten zugedeckt bei kleiner Hitze etwa 90 Minuten schmoren. Gießen Sie nach und nach den Rest der Brühe dazu. Schmecken Sie die Soße nach Belieben mit Salz und Pfeffer ab.

7 Heben Sie den Braten aus dem Topf, lassen Sie ihn kurz ruhen. Schneiden Sie den Braten in Scheiben und servieren diesen mit der Soße und einer Beilage Ihrer Wahl.

Tipp: Geben Sie einen Schuss dunkles Bier und etwas Tomatenmark in die Soße. Das verleiht dem Ganzen einen besseren Geschmack.

DDR-JÄGERSCHNITZEL

4 Port.

1 Std.

Leicht

Zutaten

250 g Nudeln
4 Scheiben Jagdwurst
1 Zwiebel
1 Ei
etwas Mehl
150 g Paniermehl
100 g Tomatenmark
20 g Ketchup
200 ml Wasser
1 EL Zucker

Nährwerte p. P.

400 kcal
60 g Kohlenhydrate
15 g Fett
15 g Eiweiß

1 Kochen Sie zunächst die Nudeln nach Packungsanweisung in Salzwasser.

2 Verquirlen Sie das Ei auf einem Teller. Schneiden Sie anschließend die Jagdwurst in etwa 1 cm dicke Scheiben.

3 Nehmen Sie zwei weitere Teller und geben auf den einen das Mehl und auf den anderen Teller Paniermehl.

4 Ziehen Sie die Jagdwurstscheiben zuerst durch das Mehl, dann durch das Ei und zuletzt durch das Paniermehl.

5 Erhitzen Sie etwas Fett in einer Pfanne und braten die Jagdwurstscheiben von beiden Seiten goldbraun an. Schälen und würfeln Sie die Zwiebel fein und dünsten diese in Öl an.

6 Fügen Sie das Mehl hinzu und rühren Sie es gut ein. Geben Sie nun das Tomatenmark, den Ketchup und das Wasser hinzu.

7 Lassen Sie die Soße unter ständigem Rühren aufkochen. Schmecken Sie die Tomatensoße mit Salz und Zucker ab.

8 Servieren Sie die Nudeln auf Tellern zusammen mit der Soße und den Jagdwurst-Schnitzeln.

Tipp: Das Jägerschnitzel kann auch mit Pommes serviert werden.

PANIERTES SCHNITZEL

2 Port.

35 Min.

Leicht

Zutaten

1 Ei
2 Schweineschnitzel
1 EL Mehl
2 EL Semmelmehl
40 g Margarine
2 Scheiben Zitrone
Salz, Pfeffer

Nährwerte p. P.

350 kcal
15 g Kohlenhydrate
30 g Fett
35 g Eiweiß

1 Spülen Sie die Schnitzel zunächst unter fließendem Wasser ab. Tupfen Sie es mit einem Küchentuch trocken.

2 Klopfen Sie die Schnitzel mit einem Fleischklopfer von beiden Seiten leicht ab. Würzen Sie das Fleisch mit Salz und Pfeffer.

3 Geben Sie auf einen Teller etwas Mehl und auf einen weiteren Semmelmehl. Wenden Sie das Fleisch im Mehl, sodass es rundherum leicht bedeckt ist.

4 Schlagen Sie das Ei auf und verquirlen Sie es in einem tiefen Teller. Ziehen Sie die Schnitzel durch das Ei und wenden Sie sie anschließend im Semmelmehl.

5 Erhitzen Sie die Margarine in der Pfanne und braten darin die panierten Schnitzel von beiden Seiten goldbraun an.

6 Servieren Sie die Schnitzel mit einer Zitronenscheibe und Beilagen Ihrer Wahl.

Tipp: Schnitzel können mit Pommes oder Kartoffeln und Gemüse serviert werden. Bereiten Sie eine schöne Soße zu. Rezept finden Sie bei der Kategorie Soßen.

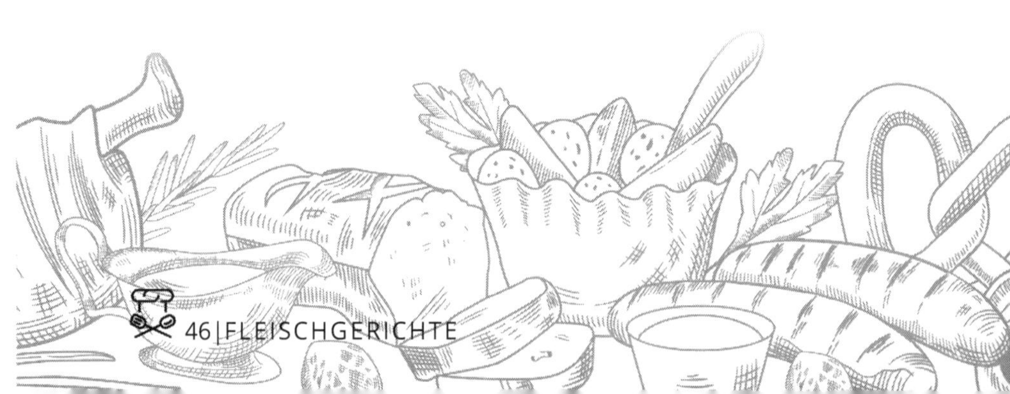

GRILLFLEISCH

4 Port.

1 Tag

Leicht

Zutaten

4 Steaks
2 Zwiebeln
Senf
1 Flasche Bier
Salz, Pfeffer

Nährwerte p. P.

289 kcal
6 g Kohlenhydrate
8 g Fett
36 g Eiweiß

1 Schälen Sie zuerst die Zwiebeln und schneiden diese in Scheiben.

2 Nehmen Sie anschließend die Steaks und bestreichen jede Seite großzügig mit Senf. Würzen Sie diese mit Salz und Pfeffer.

3 Nehmen Sie ein verschließbares Gefäß und legen eine Schicht Zwiebelscheiben hinein.

4 Legen Sie darauf ein Steak und schichten Sie weiterhin Zwiebeln und Fleisch hinein. Gießen Sie das Bier über die Schichten, bis alles gut bedeckt ist.

5 Verschließen Sie das Gefäß und lassen Sie es über Nacht im Kühlschrank ziehen.

6 Am nächsten Tag können Sie es grillen oder braten.

Tipp: Geben Sie einen Teelöffel Honig zur Marinade, um dem Fleisch einen besonderen Geschmack zu verleihen.

Fischgerichte

ORIGINAL DDR-FISCHBULETTEN

8 Port. 30 Min. Leicht

Zutaten

5 Seelachsfilets
80 g Zwiebeln
2 Eier
½ Bund Dill
½ Bund Petersilie
1 TL Kapern
1 EL Senf
4 EL Paniermehl
Butterschmalz zum Anbraten
Salz, Pfeffer, Muskat
1 altes Brötchen

Nährwerte p. P.

195 kcal
9 g Kohlenhydrate
5 g Fett
28 g Eiweiß

1 Weichen Sie das alte Brötchen in kaltem Wasser ein.

2 Überprüfen Sie die Seelachsfilets auf eventuelle Gräten. Hacken Sie die Filets sehr fein. Geben Sie den gehackten Fisch in eine Schüssel.

3 Häuten Sie die Zwiebeln, würfeln Sie diese und geben Sie sie dann ebenfalls zur Fischmasse.

4 Brausen Sie Dill und Petersilie ab und schütteln beides trocken. Hacken Sie die Kräuter und die Kapern fein und fügen sie der Fischmasse hinzu.

5 Schlagen Sie die Eier in die Schüssel und rupfen Sie das ausgedrückte Brötchen klein.

6 Geben Sie das Brötchen zur Masse hinzu. Geben Sie nun Senf und Paniermehl hinein. Würzen Sie alles mit Salz, Pfeffer und einer Prise frisch geriebener Muskatnuss.

7 Mischen Sie die Zutaten gut durch und formen Sie 8 gleich große Fischbuletten.

8 Erhitzen Sie Butterschmalz in einer Pfanne und braten die Buletten darin von beiden Seiten goldbraun an.

9 Servieren Sie die Buletten mit Beilagen Ihrer Wahl.

Tipp: Variieren Sie das Paniermehl, je nachdem wie feucht Ihre Masse ist. Befeuchten Sie Ihre Hände, um die Buletten ohne Kleben zu formen.

SÜDSEE-FISCHGERICHT

4 Port.

45 Min.

Mittel

Zutaten

800 g Fischfilet (Seelachs, Kabeljau oder Rotbarsch)
5 EL Zitronensaft
2 Zwiebeln
1 kleines Stückchen Ingwer
1 EL abgeriebene Zitronenschale
2 EL gehackte Petersilie
60 g Pflanzenfett
4 Eier
2 EL Mehl
Salz, Pfeffer
Muskatnuss

Nährwerte p. P.

217 kcal
3 g Kohlenhydrate
11 g Fett
23 g Eiweiß

1 Beträufeln Sie das Fischfilet mit 2 Esslöffeln Zitronensaft, salzen Sie es leicht und würfeln es anschließend.

2 Häuten und würfeln Sie die Zwiebeln. Braten Sie die Zwiebelwürfel in Pflanzenfett an und geben die Fischstücke hinzu.

3 Fügen Sie nach kurzem Anbraten 2 Tassen Wasser, Pfeffer, Ingwer, Muskat, den restlichen Zitronensaft und die Zitronenschale hinzu. Lassen Sie alles gemeinsam garen.

4 Schlagen Sie die Eier auf und würzen diese mit Salz. Geben Sie das Mehl, die Petersilie und etwas Fischfond hinzu. Vermengen Sie alles gut.

5 Kurz bevor die Fischstücke gar sind, gießen Sie die Eiermischung darüber. Rühren Sie immer wieder um und lassen Sie die Masse heiß werden.

6 Servieren Sie das Gericht mit Schwenkkartoffeln oder Reis und grünen Erbsen.

Tipp: Wenn Sie ein besonderes Aroma nach Ihrem Geschmack wünschen, können Sie den Fisch eine Stunde vorher einlegen. Dazu können Sie die Marinade nach Ihrem Geschmack wählen.

KOCHFISCH

4 Port.

45 Min.

Mittel

Zutaten

1.000 g Fischfilet
3 Petersilienwurzeln
1 Zwiebel
150 ml Milch
4 EL Mehl
Petersilie
Zitronensaft
Piment
1 Lorbeerblatt
Salz, Pfeffer

Nährwerte p. P.

94 kcal
0 g Kohlenhydrate
2 g Fett
17 g Eiweiß

1 Säubern Sie das Fischfilet. Danach wird es gesäuert und gesalzen. Lassen Sie alles kurz durchziehen.

2 Geben Sie Wasser in einen Topf und fügen Sie die Wurzelpetersilie, Zwiebel, Piment und das Lorbeerblatt hinzu.

3 Bringen Sie alles zum Kochen und geben Sie den Fisch in den Topf. Lassen Sie den Fisch auf kleiner Flamme ca. 20 Minuten ziehen. Nehmen Sie den Fisch heraus.

4 Bereiten Sie aus Mehl und Butter eine Schwitze zu. Rühren Sie dann die kalte Milch ein und rühren alles glatt.

5 Fügen Sie die Fischbrühe sowie die Stücke der Petersilienwurzel hinzu. Schmecken Sie alles mit Salz, Pfeffer und Zitronensaft ab. Geben Sie das Fischfilet zurück in die Soße.

6 Servieren Sie den Fisch am besten mit den Beilagen Ihrer Wahl. Garnieren Sie den Fisch mit Petersilie.

Tipp: Die Soße kann mit Sahne verfeinert werden.

FISCH IN SENFSOẞE

4 Port.

45 Min.

Leicht

Zutaten

800 g Dorschfilet
2 Tomaten
1 Zwiebel
1 Bund Dill
250 ml Weißwein
100 ml Schlagsahne
25 g Butter
25 g Mehl
1 EL Olivenöl
1 EL mittelscharfer Senf
1 EL körniger Senf
2 EL Zitronensaft
6 Pfefferkörner
1 Lorbeerblatt
Salz, Pfeffer

Nährwerte p. P.

365 kcal
7 g Kohlenhydrate
17 g Fett
41 g Eiweiß

1 Ziehen Sie die Zwiebel ab und schneiden Sie sie in feine Streifen. Waschen und würfeln Sie die Tomaten. Reinigen Sie den Dorsch gründlich unter fließendem Wasser und entfernen alle Gräten.

2 Teilen Sie den Fisch in 4 Stücke, trennen Sie die Bauchlappen ab und bewahren Sie diese im Kühlschrank auf. Braten Sie die Bauchlappen kurz an.

3 Erhitzen Sie das Öl in einem Topf. Dünsten Sie die Zwiebelstreifen für etwa 3 Minuten im Topf an. Fügen Sie den Wein und 800 ml Wasser hinzu.

4 Geben Sie die Bauchlappen, die Pfefferkörner, das Lorbeerblatt und die gewürfelten Tomaten in den Sud.

5 Lassen Sie die Mischung aufkochen und reduzieren Sie dann die Hitze. Lassen Sie den Fischfond für 15 Minuten leicht köcheln.

6 Seihen Sie den Fischfond durch ein feines Sieb. Brausen Sie den Dill ab, bewahren Sie ein wenig auf und hacken den Rest fein. Zerlassen Sie in einem separaten Topf die Butter. Streuen Sie das Mehl ein und dünsten Sie es kurz an, sodass eine Mehlschwitze entsteht. Gießen Sie 400 ml des Fischfonds und die Schlagsahne dazu.

7 Rühren Sie kontinuierlich um und lassen Sie alles bei niedriger Hitze ca. 10 Minuten köcheln. Kochen Sie den Fischfond erneut auf und legen die Fischstücke hinein und garen ihn bei kleiner Flamme etwa 7 Minuten.

8 Rühren Sie den Senf in die Soße und schmecken alles mit Zitronensaft, Salz und Pfeffer ab. Rühren Sie den gehackten Dill unter. Servieren Sie den Fisch mit Beilagen Ihrer Wahl und der Senfsoße.

Tipp: Sie können das Rezept mit verschiedenen Fischsorten zubereiten.

FISCHBRÖTCHEN

2 Port.

5 Min.

Leicht

Zutaten

2 Heringe aus der Dose
2 Brötchen
ein paar Tropfen Zitronensaft
4 Blätter Eisbergsalat
1 geschnittene Zwiebel

Nährwerte p. P.

287 kcal
37 g Kohlenhydrate
7 g Fett
19 g Eiweiß

1 Häuten Sie die Zwiebel und schneiden diese in Ringe. Schneiden Sie die Brötchen auf und belegen Sie jede Hälfte mit einem Hering.

2 Darauf legen Sie je 2 Eisbergsalatblätter und garnieren das Ganze mit Zwiebelringen.

3 Beträufeln Sie die Zwiebeln leicht mit Zitronensaft. Klappen Sie die Brötchen zu und genießen Sie diese direkt.

Tipp: Für einen abwechslungsreichen Geschmack können Sie die Brötchenhälften mit Remouladensoße bestreichen.

GEBRATENER HECHT

4 Port.

50 Min.

Mittel

Zutaten

800 g Hecht
2 hart gekochte Eier
100 g Meerrettich
60 g Fett
Petersilie
Salz

Nährwerte p. P.

1691 kcal
12 g Kohlenhydrate
86 g Fett
202 g Eiweiß

1 Waschen Sie die Fische sorgfältig und würzen Sie diese mit Salz. Legen Sie die Fische dann in eine mit Fett ausgepinselte Pfanne.

2 Übergießen Sie die Fischfilets mit dem zerlassenen Fett und schieben Sie die Pfanne in die vorgeheizte Bratröhre. Lassen Sie die Fische langsam 30-40 Minuten braten.

3 Träufeln Sie während des Bratens alle paar Minuten 3 Esslöffel Wasser über die Fische. Sollte das Wasser vollständig verdampfen, geben Sie einfach mehr hinzu.

4 Putzen und waschen Sie den Meerrettich und reiben ihn fein.

5 Sobald der Fisch gar ist, richten Sie ihn auf einer Servierplatte an. Bestreuen Sie den Fisch mit fein gehackten Eiern und dem geriebenen Meerrettich.

6 Garnieren Sie das Ganze mit frischer Petersilie.

Tipp: Damit der Fisch schön saftig bleibt, sollten Sie ihn regelmäßig mit Fett übergießen.

BRATHERING

2 Port.

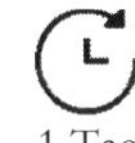
1 Tag

Leicht

Zutaten

4 grüne Heringsfilets
1 Zitrone
1 Zwiebel
1 Ei
150 g Mehl
200 ml Rapsöl
500 ml Wasser
150 ml Essig
6 gehäufte EL Zucker
15 Pimentkörner
10 Pfefferkörner
2 Lorbeerblätter
Salz, Pfeffer

Nährwerte p. P.

112 kcal
6 g Kohlenhydrate
5 g Fett
3 g Eiweiß

1 Spülen Sie die Heringsfilets gründlich ab und salzen Sie diese leicht. Waschen Sie die Zitrone und fügen Sie den kompletten Schalenabrieb sowie den Saft einer halben Zitrone hinzu.

2 Mischen Sie alles gut durch und lassen Sie die Mischung etwa 1 Stunde ziehen. Erhitzen Sie eine Pfanne mit Rapsöl.

3 Bereiten Sie einen Teller mit Mehl und einen weiteren Teller mit verquirltem Ei vor.

4 Würzen Sie die Filets mit etwas Pfeffer und Salz. Wälzen Sie die Filets zuerst gründlich im Mehl und ziehen Sie sie danach durch das Ei. Braten Sie die Filets in dem heißen Öl von beiden Seiten goldbraun an.

5 Häuten und vierteln Sie die Zwiebel. Bereiten Sie einen Sud aus Wasser, Zwiebeln, dem Essig, dem Zucker und den restlichen Gewürzen vor.

6 Bringen Sie alles zum Kochen und nehmen Sie den Topf vom Herd. Legen Sie die gebratenen Fischfilets hinein und lassen Sie alles auskühlen.

7 Stellen Sie die Mischung kühl und lassen Sie den Fisch gut durchziehen, bevor Sie ihn genießen.

Tipp: Fügen Sie für den besseren Geschmack einen Schuss Weißwein hinzu.

MARINIERTER HERING

4 Port. 40 Min. Leicht

Zutaten

4 Salzheringsfilets
1 Zwiebel, in Ringe geschnitten
1 Apfel
2 saure Gurken
etwas Schnittlauch und Dill
1 Becher saure Sahne
etwas Milch

Nährwerte p. P.

438 kcal
12 g Kohlenhydrate
32 g Fett
18 g Eiweiß

1 Häuten und würfeln Sie die Zwiebel. Waschen, halbieren, entkernen und würfeln Sie den Apfel.

2 Schneiden Sie die sauren Gurken sowie Schnittlauch und Dill fein und vermengen die Zutaten mit der sauren Sahne.

3 Legen Sie die Fischfilets in der Marinade ein. Füllen Sie die Mischung mit etwas Milch auf.

4 Lassen Sie die Schüssel für ungefähr 5 Stunden zugedeckt stehen, damit sich der Geschmack entfalten kann.

Tipp: Für besondere Würze können Sie ein Lorbeerblatt und Pfefferkörner dazugeben.

FISCH IN MEERRETTICH-KRÄUTERPANADE

4 Port.

55 Min.

Leicht

Zutaten

4 Fischfilets nach Wahl
750 g Kartoffeln
Gemüse nach Wahl als Beilage
3 Eier
2 EL frischer Meerrettich
1 Bund frische Kräuter nach Wahl
Mehl zum Wenden
Salz

Nährwerte p. P.

512 kcal
44 g Kohlenhydrate
39 g Fett
39 g Eiweiß

1 Reinigen und schälen Sie die Meerrettichwurzel und reiben Sie sie fein. Waschen Sie die frischen Kräuter, tupfen Sie sie trocken, entfernen Sie die Stiele und hacken Sie sie fein.

2 In einer Schüssel verquirlen Sie die Eier und mischen die gehackten Kräuter und den geriebenen Meerrettich unter.

3 Für eine extra Würze können Sie 1 TL Salz zur Panade hinzufügen. Stellen Sie die Mischung beiseite.

4 Setzen Sie einen Topf mit Wasser auf und bringen Sie es zum Kochen. Fügen Sie etwas Salz hinzu und kochen Sie die geschälten und zerteilten Kartoffeln, bis sie gar sind.

5 Während die Kartoffeln kochen, tupfen Sie den Fisch trocken, wenden Sie ihn im Mehl und anschließend in der vorbereiteten Meerrettich-Kräuterpanade.

6 Erhitzen Sie eine Pfanne bei mittlerer Hitze mit etwas Öl und braten Sie den Fisch darin beidseitig goldbraun an.

7 Wenn Sie zusätzliches Gemüse hinzufügen möchten, können Sie dieses in einem Dämpfeinsatz oder einem Dampfgarer zubereiten, bis es die gewünschte Konsistenz erreicht hat.

8 Richten Sie den knusprig gebratenen Fisch zusammen mit den gekochten Kartoffeln und dem Gemüse auf Tellern an.

Tipp: Fügen Sie Knoblauch, Rosmarin und/oder Thymian für einen besseren Geschmack beim Braten hinzu.

Salate

EIERSALAT

4 Port.

20 Min.

Leicht

Zutaten

3 EL Mayonnaise
10 Eier
Salz, Pfeffer
½ Bund Schnittlauch
3 Gewürzgurken
etwas Gurkenwasser

Nährwerte p. P.

261 kcal
3 g Kohlenhydrate
21 g Fett
15 g Eiweiß

1 Kochen Sie die Eier rund 8 Minuten , bis sie fest sind. Nachdem Sie die Eier gekocht haben, legen Sie sie in kaltes Wasser, um sie abzukühlen.

2 Sobald sie abgekühlt sind, pellen Sie die Eier und schneiden oder teilen sie mit einem Eierschneider in feine Streifen.

3 Bereiten Sie nun die sauren Gurken vor, indem Sie sie in feine Würfel schneiden. Bewahren Sie das Gurkenwasser auf, es wird später eventuell noch benötigt.

4 Schneiden Sie den Schnittlauch in feine Ringe. Mischen Sie in einer großen Schüssel die geschnittenen Eier, die Gurkenwürfel, den Schnittlauch und die Mayonnaise.

5 Würzen Sie Ihren Eiersalat mit Salz und Pfeffer. Für einen zusätzlichen Geschmackskick fügen Sie nach Belieben etwas Gurkenwasser hinzu.

6 Lassen Sie den Eiersalat abschließend für ein paar Stunden im Kühlschrank durchziehen, damit sich die Aromen verbinden können.

Tipp: Für eine besondere Geschmacksnote können Sie etwas Paprikapulver hineingeben.

KRAUTSALAT

6 Port. | 30 Min. | Leicht

Zutaten

½ Kopf Weißkohl
2 EL Rapsöl
2 EL Salz
2 TL Essig
1–2 TL Zucker
Pfeffer

Nährwerte p. P.

50 kcal
6 g Kohlenhydrate
4 g Fett
1 g Eiweiß

1 Reinigen Sie zuerst den Weißkohl und schneiden oder raspeln Sie ihn fein. Geben Sie anschließend das Salz hinzu und kneten Sie den Kohl gründlich durch.

2 Bringen Sie Wasser zum Kochen und gießen Sie es über den behandelten Kohl. Lassen Sie das Ganze abkühlen.

3 Nachdem der Weißkohl abgekühlt ist, nehmen Sie ihn aus der Schüssel, drücken Sie ihn aus und geben Sie ihn in eine separate Schüssel.

4 Schmecken Sie nun mit Öl, Zucker, Essig und Pfeffer ab. Je nach Ihrem Geschmack können Sie zusätzlich noch mehr Öl, Essig oder Zucker hinzufügen.

Tipp: Kneten Sie das Kraut im zweiten Schritt richtig durch und lassen Sie sich dafür gerne Zeit, um das Hartwerden des Krauts zu verhindern.

GURKENSALAT

4 Port.

15 Min.

Leicht

Zutaten

2 Salatgurken
200 g saure Sahne
2 EL Branntweinessig
Salz und Pfeffer
1 Prise Zucker
Petersilie

Nährwerte p. P.

70 kcal
1 g Kohlenhydrate
1 g Fett
0 g Eiweiß

1 Schälen Sie die Gurken. Raspeln Sie die Gurken klein und salzen Sie diese.

2 Für die Salatsoße vermengen Sie die saure Sahne mit Essig, Salz, Pfeffer und einer Prise Zucker. Geben Sie die Gurkenraspeln in ein Sieb und lassen Sie das Wasser abtropfen.

3 Geben Sie die Gurkenraspeln zur Salatsoße hinzu und vermischen Sie alles gut. Schmecken Sie den Salat ab und garnieren ihn mit Petersilie.

Tipp: Je nach Geschmack können Sie weitere Kräuter ergänzen.

SCHICHTSALAT

6 Port.

25 Min.

Leicht

Zutaten

150 g geriebener Gouda
6 Eier
300 g Selleriesalat aus dem Glas
300 g Ananas
Salz, Pfeffer
300 g Mais
150 ml Sahne
1 Apfel
200 g Mayonnaise
2 Lauchstangen
3 Stiele Blattpetersilie
200 g Kochschinken

Nährwerte p. P.

661 kcal
34 g Kohlenhydrate
50 g Fett
22 g Eiweiß

1 Kochen Sie die Eier hart, schälen Sie diese und schneiden Sie sie in kleine Würfel. Lassen Sie Ananas und Mais in einem Sieb gut abtropfen.

2 Entkernen Sie den Apfel und schneiden Sie ihn in Würfel. Zerkleinern Sie den Lauch in feine Ringe und schneiden Sie den Schinken in Streifen.

3 Hacken Sie die Petersilie fein. Vermengen Sie sie mit Mayonnaise und Schlagsahne zu einem Dressing und würzen Sie es kräftig mit Salz und Pfeffer.

4 Schichten Sie die Zutaten für den Salat nach Wunsch in einer großen Glasschüssel. Geben Sie abschließend das Dressing darüber und lassen Sie den Salat idealerweise über Nacht im Kühlschrank durchziehen.

Tipp: Servieren Sie den Salat mit gehackten Nüssen oder Sonnenblumenkernen.

APFEL-KÄSE-ORANGEN-SALAT

4 Port.

20 Min.

Leicht

Zutaten

4 Stangen Sauermilch-käse
4 Äpfel
1 Orange
3 EL Salattunke
3 EL Joghurt
2 EL Zitronensaft
1 EL gehackte Nüsse
Pfeffer

Nährwerte p. P.

250 kcal
35 g Kohlenhydrate
12 g Fett
8 g Eiweiß

1 Waschen und schneiden Sie das Obst zurecht. Marinieren Sie die Apfelstreifen mit Zitronensaft.

2 Schneiden Sie den Sauermilchkäse entweder in Streifen oder kleine Scheiben.

3 Mischen Sie die Salattunke und den Joghurt miteinander und fügen Sie anschließend Käse, Apfelstreifen und Orangenwürfel hinzu.

4 Würzen Sie die Mischung nach Belieben mit Pfeffer und lassen Sie sie 1 – 2 Stunden durchziehen.

Tipp: Mischen Sie gehackte Walnüsse unter.

KÄSE-WURST-SALAT

4 Port.

10 Min.

Leicht

Zutaten

300 g Gouda
300 g Jagdwurst
1 Zwiebel
½ Becher saure Sahne
1 EL Mayonnaise
Salz, Pfeffer
Paprikapulver

Nährwerte p. P.

651 kcal
7 g Kohlenhydrate
51 g Fett
36 g Eiweiß

1 Bereiten Sie zuerst eine Creme aus Mayonnaise, saurer Sahne und den gewählten Gewürzen zu. Würfeln Sie den Käse und die Wurst.

2 Häuten und würfeln Sie die Zwiebel. Fügen Sie die Zutaten der Creme hinzu und mischen Sie alles gut durch.

3 Stellen Sie den Salat in den Kühlschrank, damit er gut durchziehen kann.

Tipp: Fügen Sie gehackte Kräuter für den besseren Geschmack hinzu.

KAROTTENSALAT

4 Port.

1 Std. 15 Min.

Leicht

Zutaten

3 mittelgroße Möhren
Saft einer halben Zitrone
Pfeffer
½ Spitzkohl
2 Äpfel
Salz
4 EL Mayonnaise

Nährwerte p. P.

255 kcal
7 g Kohlenhydrate
21 g Fett
2 g Eiweiß

1 Beginnen Sie damit, die Möhren zu schälen und in dünne Streifen zu schneiden oder zu raspeln. Schneiden Sie den Spitzkohl in feine Streifen.

2 Entfernen Sie bei den Äpfeln das Kerngehäuse und schneiden Sie diese in Würfel. Vermengen Sie die Äpfel sofort mit etwas Zitronensaft, um das Bräunen zu verhindern.

3 Mischen Sie die Mayonnaise mit Salz und Pfeffer in einer Schüssel.

4 Fügen Sie die vorbereiteten Möhren, das Kraut und die Äpfel hinzu und vermischen alles gründlich miteinander.

5 Stellen Sie den Salat mindestens für 1 Stunde in den Kühlschrank, damit die Aromen sich entfalten können.

6 Vor dem Servieren schmecken Sie den Salat nochmals mit Salz und Zitronensaft ab.

Tipp: Garnieren Sie den Salat mit frischen Kräutern.

BERLINER WURSTSALAT

4 Port.

3 Std.
20 Min.

Leicht

Zutaten

4 Zwiebeln
500 g Jagdwurst
3 saure Gurken
3 EL Öl
1 TL Essig
1 EL mittelscharfer Senf
2 EL Meerrettich
1 TL Senfkörner
Je 1 TL Salz und Pfeffer
1 TL Zucker

Nährwerte p. P.

441 kcal
17 g Kohlenhydrate
29 g Fett
26 g Eiweiß

1 Würfeln Sie die sauren Gurken. Häuten und halbieren Sie die Zwiebeln und schneiden Sie diese in Streifen. Schneiden Sie die Jagdwurst anschließend in Würfel.

2 Vermengen Sie alle Zutaten in einer Schüssel und lassen Sie den Salat für etwa 3 Stunden im Kühlschrank durchziehen.

Tipp: Der Salat schmeckt auch mit Bierschinken gut.

OMAS TOMATENSALAT

4 Port.

10 Min.

Leicht

Zutaten

1 kg frische Tomaten
1 Zwiebel
75 ml gutes Öl
25 ml Weißweinessig
1 gestr. EL Zucker
Je 1 TL Salz und Pfeffer

Nährwerte p. P.

76 kcal
2 g Kohlenhydrate
7 g Fett
0 g Eiweiß

1 Waschen Sie die Tomaten und schneiden Sie sie in Scheiben, wobei Sie die Blütenstiele entfernen. Geben Sie die Tomatenscheiben in eine Schüssel.

2 Schneiden Sie anschließend die Zwiebel in feine Würfel und fügen Sie diese zu den Tomaten hinzu.

3 Bereiten Sie aus dem Essig, Öl und den Gewürzen eine Marinade zu und geben Sie diese über die Tomaten und Zwiebeln.

4 Vermengen Sie alles gut und lassen Sie den Salat durchziehen.

Tipp: Der Salat passt perfekt zu Grillabenden.

Desserts, Süßspeisen, Snacks

DDR-ZITRONENCREME

4 Port.

3 Std. 20 Min

Mittel

Zutaten

2 Zitronen
100 ml Sahne
3 Blätter Gelatine
3 Eier
60 g Zucker

Nährwerte p. P.

216 kcal
19 g Kohlenhydrate
13 g Fett
6 g Eiweiß

1 Legen Sie die Gelatine in kaltem Wasser ein.

2 Spülen Sie die Zitronen mit heißem Wasser ab und tupfen Sie sie trocken. Anschließend reiben Sie die Schale ab und pressen den Saft aus.

3 Schlagen Sie die Eier auf und trennen Sie das Eiweiß vom Eigelb. Vermengen Sie das Eigelb mit dem Zitronensaft und Zucker. Schlagen Sie die Mischung über einem Wasserbad zu einer cremigen Masse auf.

4 Geben Sie die ausgedrückte Gelatine hinzu und lassen Sie die Mischung abkühlen.

5 Schlagen Sie sowohl die Sahne als auch das Eiweiß in je einer Schüssel steif. Fügen Sie zuerst die steife Sahne und danach den steifen Eischnee vorsichtig unter die abgekühlte Zitronencreme.

6 Füllen Sie die Mischung in Schalen und stellen diese für 3 Stunden in den Kühlschrank.

7 Vor dem Servieren bestreuen Sie die Creme mit dem Zitronenabrieb.

Tipp: Das Rezept funktioniert ebenso mit Orangen oder Mandarinen.

SCHWEDENEISBECHER

 1 Port.

 10 Min.

Mittel

Zutaten

3 EL Apfelmus
2 Kugeln Vanilleeis
etwas Schlagsahne
4 cl Eierlikör

Nährwerte p. P.

144 kcal
16 g Kohlenhydrate
7 g Fett
2 g Eiweiß

1 Geben Sie das Apfelmus in eine Schüssel. Füllen Sie das Eis ebenfalls in eine Schüssel.

2 Schlagen Sie die Sahne steif und verteilen diese auf dem Eis. Gießen Sie nun den Eierlikör darüber

Tipp: Wenn die Sahne etwas süß sein darf, können Sie Vanillezucker dazugeben.

ROTE GRÜTZE

20 Port.

30 Min.

Leicht

Zutaten

0,5 L roter Fruchtsaft
50 g Zucker
50 g Stärkemehl
3 EL Früchte
1 EL Mandeln
1 Prise Salz

Nährwerte p. P.

163 kcal
39 g Kohlenhydrate
0 g Fett
0 g Eiweiß

1 Mischen Sie ⅜Liter Fruchtsaft mit dem Zucker und fügen Sie 1 Prise Salz hinzu. Kochen Sie die Mischung auf. Passen Sie die Zuckermenge je nach Süße des Saftes und Ihres Geschmacks an.

2 Rühren Sie das Stärkemehl in den verbliebenen Saft ein und fügen diese Mischung zum Saft hinzu.

3 Lassen Sie die Mischung ein paarmal aufkochen, bevor Sie diese in eine kalte Form umfüllen.

4 Nach dem Abkühlen stürzen Sie die Grütze aus der Form und garnieren diese mit den Mandeln.

Tipp: Bereiten Sie Vanillesoße zu und servieren Sie diese mit der roten Grütze.

QUARKSPEISE MIT MANDARINEN

6 Port.

10 Min.

Leicht

Zutaten

500 g Magerquark
1 Becher süße Sahne
1 Pck. Sahnesteif
1 Pck. Vanillezucker
1 Dose Mandarinen

Nährwerte p. P.

284 kcal
18 g Kohlenhydrate
16 g Fett
16 g Eiweiß

1 Schlagen Sie die Sahne zusammen mit dem Sahnesteif und Vanillezucker steif. Geben Sie den Quark in eine Schüssel und rühren die Sahne unter.

2 Schälen Sie die Mandarinen und halbieren Sie die einzelnen Zesten. Geben Sie diese in die Quarkmischung und verrühren Sie alles gut.

3 Füllen Sie die Quarkspeise in Schalen und servieren Sie diese.

Tipp: Sie können verschiedene Obstsorten ausprobieren.

ARMER RITTER

2 Port.

20 Min.

Leicht

Zutaten

250 ml Milch
4 Scheiben Weißbrot
4 Eier
75 g Butter
2 EL Zucker
1 Prise Zimt
geriebene Zitronenschale

Nährwerte p. P.

344 kcal
25 g Kohlenhydrate
22 g Fett
10 g Eiweiß

1 Mischen Sie die Milch mit Zucker, Zimt und geriebener Zitronenschale. Bringen Sie die Mischung zum Kochen und lassen Sie diese anschließend abkühlen.

2 Weichen Sie die Weißbrotscheiben in der Milchmischung ein. Ziehen Sie diese im Anschluss durch die verquirlten Eier.

3 Geben Sie die vorbereiteten Brotscheiben in heiße Butter und braten Sie diese beidseitig goldgelb an.

4 Geben Sie das Brot anschließend auf Teller und streuen Zucker darüber.

Tipp: Dazu passt auch Apfelmus.

KARLSBADER SCHNITTEN

2 Port.

15 Min.

Leicht

Zutaten

4 Scheiben Toastbrot
4 Scheiben Schinken, gekocht
4 Scheiben Käse
4 TL Tomatenmark
½ TL Paprika, edelsüß
40 g Butterflöckchen

Nährwerte p. P.

518 kcal
32 g Kohlenhydrate
32 g Fett
23 g Eiweiß

1 Heizen Sie den Ofen auf 200 °C Ober- /Unterhitze vor. Legen Sie Backpapier auf ein Backblech.

2 Toasten Sie die Brotscheiben leicht an. Bestreichen Sie diese mit Tomatenmark und belegen Sie sie jeweils mit einer Schinkenscheibe.

3 Legen Sie darauf eine Käsescheibe, streuen Sie etwas Paprikapulver darüber und verteilen Sie Butterflöckchen obenauf.

4 Legen Sie die Brote auf ein Backblech und schieben Sie dieses in die Mitte des vorgeheizten Ofens.

5 Lassen Sie die Brotscheiben im Ofen backen, bis der Käse leicht schmilzt.

Tipp: Das Toastbrot kann durch beliebiges Brot ersetzt werden. Sie können es außerdem mit Hackbraten belegen.

EINGELEGTE PAPRIKA

4 Port.

3,5 Std.

Mittel

Zutaten

Je 3 rote und gelbe Paprika
95 ml Olivenöl
1 EL Balsamico-Essig
1 TL Honig
1 Bund Basilikum
1 Prise Salz
1 Schuss Öl, für das Blech

Nährwerte p. P.

329 kcal
27 g Kohlenhydrate
32 g Fett
18 g Eiweiß

1 Pinseln Sie zuerst ein Backblech leicht mit Öl ein und aktivieren Sie dann den Grill Ihres Backofens.

2 Waschen Sie die Paprikaschoten, vierteln Sie diese und entfernen Sie das Kerngehäuse.

3 Legen Sie die Paprikaviertel auf das vorbereitete Blech, bepinseln Sie diese mit etwas Olivenöl. Rösten Sie nun die Paprikastreifen im Ofen für etwa 10 Minuten an.

4 Nehmen Sie das Blech heraus und lassen alles kurz auskühlen. Ziehen Sie nun die Haut ab.

5 Erhitzen Sie in einer Pfanne das restliche Olivenöl und braten die Paprikastücke darin für ungefähr 5 Minuten leicht an.

6 Parallel dazu können Sie das Basilikum abbrausen, trocken tupfen und klein schneiden.

7 Geben Sie die leicht angebratenen Paprikastücke in eine Schüssel und würzen Sie mit Balsamico-Essig und Honig. Geben Sie 1 Prise Salz dazu und fügen Sie das Basilikum dazu.

8 Lassen Sie die Mischung für mindestens 180 Minuten marinieren und genießen Sie diese danach.

Tipp: Die eingelegten Paprika sind ein perfekter Snack für Grillabende.

GEFÜLLTE EIER

12 Port. 30 Min. Leicht

Zutaten

2 EL Mayonnaise
6 Eier
Salz
½ Bund Schnittlauch
Pfeffer
½ Bund Petersilie
1 TL Senf

Nährwerte p. P.

55 kcal
1 g Kohlenhydrate
4 g Fett
3 g Eiweiß

1 Kochen Sie die Eier ca. 7 Minuten. Schrecken Sie diese ab und schälen Sie sie direkt. Halbieren Sie die Eier und lösen das Eigelb heraus.

2 Brausen Sie Petersilie und Schnittlauch ab und schütteln beides trocken. Hacken Sie die beiden Kräuter fein.

3 Geben Sie Senf, Mayonnaise, die gehackten Kräuter sowie Salz und Pfeffer zum Eigelb und vermengen alles gut.

4 Füllen Sie die Masse in einen Spritzbeutel und verteilen diese in den Eiweißhälften.

Tipp: Sie können zum Verfeinern des Geschmacks etwas Paprikapulver zur Eigelbmasse geben.

AMERIKANER

30 Port.

45 Min.

Mittel

Zutaten

500 g Mehl
250 ml Milch
175 g Zucker
75 g Butter
1 Ei
8 g Hirschhornsalz (ca. 2 TL)
etwas Zitronenabrieb
1 Prise Salz
Für die Glasur:
150 g Puderzucker
150 g Schokolade
nach Belieben Zitronensaft

Nährwerte p. P.

156 kcal
26 g Kohlenhydrate
4 g Fett
2 g Eiweiß

1 Lösen Sie das Hirschhornsalz in einigen Esslöffeln Milch auf. Anschließend vermengen Sie Butter, Zucker, entweder Vanille- oder Zitronenschale und Salz zu einer cremigen weißen Masse.

2 Fügen Sie das Ei hinzu und rühren es gut unter. Fügen Sie schluckweise und im Wechsel Milch und Mehl zur Mischung hinzu. Zum Schluss geben Sie das zuvor aufgelöste Hirschhornsalz hinzu.

3 Setzen Sie den Teig häufchenweise mit 2 Löffeln auf ein Backblech. Mit einem nassen Messer können Sie die Form der Teighäufchen optimieren und sie rundlich gestalten.

4 Backen Sie die Amerikaner bei 170 °C Umluft für 15-20 Minuten, bis sie goldbraun sind. Lassen Sie die Amerikaner nun abkühlen.

5 Rühren Sie aus Puderzucker und etwas Zitronensaft oder Wasser einen Guss an, den Sie dann direkt auf 15 der ausgekühlten Amerikaner streichen.

6 Schmelzen Sie die Schoko-Fettglasur und überziehen Sie die restlichen Amerikaner mit dieser.

Tipp: Beachten Sie, dass der Teig recht dicht ist und es nicht ratsam ist, nach dem Hinzufügen des Hirschhornsalzes davon zu probieren.

Getränke

WALDMEISTERLIMONADE

400 ml | 2 Tage | Leicht

Zutaten

30 g frischer Waldmeister
500 ml Wasser
Mineralwasser
ein paar Erdbeeren
1 Zitrone
200 g Zucker

Nährwerte p. P.

204 kcal
53 g Kohlenhydrate
0 g Fett
0 g Eiweiß

1 Brausen Sie die Waldmeisterstängel ab und lassen Sie sie einen Tag lang an der Luft trocknen. Entfernen Sie die Blätter von den Stängeln.

2 Vermischen Sie in einem Kochtopf Wasser und Zucker und lassen die Mischung etwa 10 Minuten köcheln.

3 Waschen Sie die Zitrone, schneiden Sie sie in dünne Scheiben und fügen Sie sie zusammen mit den Waldmeisterblättchen zum Sirup hinzu. Lassen Sie diese Mischung mindestens 24 Stunden ziehen.

4 Nach dem Einweichen gießen Sie den Sirup durch ein feines Küchentuch, um Pflanzenreste zu entfernen.

5 Erhitzen Sie den gefilterten Waldmeistersirup erneut und bringen Sie ihn zum Kochen. Gießen Sie den heißen Sirup vorsichtig in zuvor sterilisierte Fläschchen.

6 Gießen Sie ungefähr 30 ml Sirup in ein Glas, ergänzen Sie es mit sprudelndem Mineralwasser und garnieren Sie es mit einigen Erdbeerscheiben!

Tipp: Lagern Sie den Sirup kühl und am besten dunkel, so haben Sie auch noch 6 Monate später daran Freude.

OMAS ERFRISCHUNG

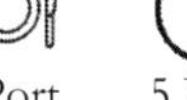

5 Port. 5 Min. Leicht

Zutaten

1 L Wasser
2 TL braune Essig-Essenz
10 TL Zucker
5 Prisen Natron
10 Eiswürfel

Nährwerte p. P.

33 kcal
8 g Kohlenhydrate
0 g Fett
0 g Eiweiß

1 Füllen Sie ein passendes Glas mit Wasser. Geben Sie anschließend Essig, Zucker und Natron hinzu.

2 Verrühren Sie die Mischung sorgfältig - seien Sie vorsichtig, da das Natron zu sprudeln beginnen kann.

3 Fügen Sie zum Abschluss Eiswürfel hinzu und genießen Sie das Getränk.

Tipp: Für einen besseren Geschmack können Sie eine Zitronenscheibe dazugeben.

ZITRONENLIMONADE

4 Port.

5 Min.

Leicht

Zutaten

etwas Zucker
1 L abgekochtes kaltes Wasser
Saft von 2 Zitronen

Nährwerte p. P.

21 kcal
6 g Kohlenhydrate
0 g Fett
0 g Eiweiß

1 Mischen Sie Wasser, Zitronensaft und Zucker gründlich zusammen.

2 Servieren Sie die Limonade eisgekühlt.

Tipp: Fügen Sie Basilikumblätter hinzu, sie geben der Limonade ein besonderes Aroma.

KALTE ENTE

4 Port.

20 Min.

Leicht

Zutaten

1 Zitrone
100 g Zucker
1 Flasche Sprudelwasser
½ l Weißwein

Nährwerte p. P.

104 kcal
27 g Kohlenhydrate
0 g Fett
0 g Eiweiß

1 Schneiden Sie die sorgfältig gereinigte Zitrone in Scheiben.

2 Bestreuen Sie die Zitronenscheiben mit Zucker und füllen Sie das Ganze mit Weißwein und sprudelndem Wasser auf.

Tipp: Für ein leckeres Partygetränk können Sie anstatt Wasser auch Sekt nutzen.

SAMBALITA ORANGENLIKÖR

2 Port. 20 Min. Leicht

Zutaten

¾ L Wasser
¾ L Wodka
2 Pck. Getränkepulver Orange
2 EL Zucker

Nährwerte p. P.

989 kcal
32 g Kohlenhydrate
0 g Fett
0 g Eiweiß

1 Bringen Sie das Wasser zusammen mit dem Zucker zum Kochen und lösen Sie anschließend das Getränkepulver darin auf.

2 Sobald die Mischung abgekühlt ist, fügen Sie den Wodka hinzu. Füllen Sie den fertigen Likör in Flaschen ab.

Tipp: Sie können Orangen gegen Zitronen austauschen.

GRÜNE WIESE

1 Port.

5 Min.

Leicht

Zutaten

2 cl Blue Curaçao
6 cl Sekt
2 cl Orangensaft
ein paar Eiswürfel

Nährwerte p. P.

82 kcal
14 g Kohlenhydrate
0 g Fett
0 g Eiweiß

1 Gießen Sie den Blue Curaçao und den Orangensaft in ein Glas und verrühren Sie beide Zutaten. Füllen Sie das Glas anschließend mit Sekt auf.

2 Garnieren Sie den Cocktail mit Eiswürfeln, einer Orangenscheibe am Rand des Glases und servieren Sie ihn mit einem Trinkhalm.

Tipp: Schmeckt auch sehr lecker mit Ananassaft.

ERDBEERLIMONADE

6 Port.

25 Min.

Leicht

Zutaten

250 g Erdbeeren
60 g Zucker
75 ml Zitronensaft
60 ml Wasser
600 ml Mineralwasser
Eiswürfel

Nährwerte p. P.

56 kcal
14 g Kohlenhydrate
0 g Fett
0 g Eiweiß

1 Erhitzen Sie 60 ml Leitungswasser zusammen mit 60 g Zucker in einem kleinen Topf. Stellen Sie den so entstandenen Sirup beiseite und kühlen Sie ihn ab.

2 Waschen und putzen Sie die Erdbeeren und halbieren diese. Geben Sie die Früchte in ein hohes Gefäß.

3 Pressen Sie die Zitronen, sodass Sie insgesamt 75 ml Saft erhalten, und geben Sie diesen zu den Erdbeeren.

4 Fügen Sie auch den abgekühlten Sirup hinzu und pürieren Sie alles zu einer homogenen Masse. Sieben Sie die Mischung, um die Erdbeerkörner zu entfernen.

5 Für ein Glas mischen Sie etwa 6 EL des Erdbeersirups mit 150 ml Mineralwasser und Eiswürfeln.

Tipp: Für eine aromatische Note können Sie ein paar Blätter frische Minze hinzufügen.

HIMBEERLIMONADE

6 Port. 20 Min. Leicht

Zutaten

250 g frische Himbeeren
frische Minzblätter zum Servieren
150 g Zucker
80 ml frisch gepresster Zitronensaft
950 ml Wasser
Eiswürfel

Nährwerte p. P.

123 kcal
31 g Kohlenhydrate
0 g Fett
0 g Eiweiß

1 Geben Sie den Zucker und 250 ml Wasser in einen kleinen Topf und erhitzen Sie die Mischung.

2 Fügen Sie die frischen Himbeeren hinzu und drücken Sie sie leicht an, sodass sie ihren Saft freigeben.

3 Lassen Sie die Mischung 5-10 Minuten köcheln, bis die Himbeeren ihre Farbe verloren haben.

4 Sieben Sie die Himbeermischung, um alle Samen zu entfernen, und lassen Sie den entstandenen Himbeersirup abkühlen.

5 Vermengen Sie in einer großen Kanne den abgekühlten Himbeersirup mit dem frisch gepressten Zitronensaft und dem verbliebenen Wasser.

6 Sie können die Himbeerlimonade kalt stellen oder direkt mit Eiswürfeln und einigen frischen Minzblättern servieren.

Tipp: Fügen Sie ein paar Basilikumsamen hinzu. Diese sind reich an Antioxidantien.

KRÄUTERLIMONADE

 4 Port.

 30 Min.

 Leicht

Zutaten

1 L Apfelsaft
1 großes Bund Kräuter (Zitronenmelisse, Minze, Basilikum, Rosmarin)
1 reife Zitrone

Nährwerte p. P.

126 kcal
30 g Kohlenhydrate
0 g Fett
1 g Eiweiß

1 Mischen Sie Apfelsaft und den Saft einer frischen Zitrone in einem großzügigen Kochtopf. Brausen Sie die Kräuter gründlich ab, schütteln Sie sie trocken und entfernen Sie unschöne Blätter.

2 Drücken und verdrehen Sie die Kräuter mitsamt ihren Stielen, um ihre Aromen freizusetzen, und geben Sie sie dann zum Apfelsaft in den Topf.

3 Lassen Sie die Saft-Kräuter-Mischung aufkochen. Nach dem Aufkochen schalten Sie den Herd aus, decken den Topf ab und lassen ihn für etwa 30 Minuten ruhen. Drücken Sie die Kräuter anschließend über dem Saft aus und entsorgen Sie sie.

4 Sollten kleine Blätter oder Rückstände im Saft verblieben sein, können Sie den Saft durch ein feines Sieb gießen.

5 Füllen Sie den entstandenen Kräutersaft in eine Flasche und lassen Sie ihn für einige Tage im Kühlschrank durchziehen.

Tipp: Geben Sie für eine schärfere Geschmacksnote eine Scheibe Ingwer hinzu.

Einkochen, Einlegen und Co.

EINGEKOCHTE KIRSCHEN

4 Port.

45 Min.

Leicht

Zutaten

1 kg Kirschen
400 g Zucker
ein paar Nelken
1 L Wasser

Nährwerte p. P.

555 kcal
133 g Kohlenhydrate
1 g Fett
2 g Eiweiß

1 Reinigen Sie die Einmachgläser sorgfältig, indem Sie sie mit heißem Wasser ausspülen. Verteilen Sie die Kirschen gleichmäßig auf die Gläser.

2 Bringen Sie in einem zweiten Topf Wasser, Zucker und Nelken zum Kochen.

3 Gießen Sie das noch heiße, aber nicht mehr kochende Wasser über die Kirschen, sodass diese vollständig bedeckt sind.

4 Achten Sie darauf, am oberen Rand der Gläser einen Freiraum von mindestens 1 cm zu lassen. Verschließen Sie nun die Gläser.

5 Legen Sie zum Schutz einen passenden Gittereinsatz auf den Boden eines großen, hohen Kochtopfes.

6 Stellen Sie die Einmachgläser so darauf, dass sie nicht den Boden berühren und genügend Abstand zueinander haben.

7 Füllen Sie den Kochtopf mit Wasser, sodass die Gläser zu etwa ¾ darin eingetaucht sind.

8 Kochen Sie die Kirschen bei einer Temperatur von ungefähr 80 °C ca. 30 Minuten ein.

Tipp: Sie können Nelken auch durch andere Gewürze ersetzen, beispielsweise Vanille.

EINGEKOCHTE PFLAUMEN

4 Port.

45 Min.

Leicht

Zutaten

1 kg Pflaumen
400 g Zucker
Zimt nach Belieben
1 L Wasser

Nährwerte p. P.

515 kcal
128 g Kohlenhydrate
0 g Fett
1 g Eiweiß

1 Reinigen Sie die Einmachgläser sorgfältig, indem Sie sie mit heißem Wasser ausspülen.

2 Halbieren Sie die Pflaumen und entfernen Sie die Kerne. Verteilen Sie die Pflaumen auf die Gläser.

3 Bringen Sie in einem zweiten Topf Wasser, Zucker und Zimt zum Kochen. Gießen Sie das noch heiße, aber nicht mehr kochende Wasser über die Pflaumen, sodass diese vollständig bedeckt sind.

4 Achten Sie darauf, am oberen Rand der Gläser einen Freiraum von mindestens 1 cm zu lassen. Verschließen Sie nun die Gläser.

5 Legen Sie zum Schutz einen passenden Gittereinsatz auf den Boden eines großen, hohen Kochtopfes.

6 Stellen Sie die Einmachgläser so darauf, dass sie nicht den Boden berühren und genügend Abstand zueinander haben.

7 Füllen Sie den Kochtopf mit Wasser, sodass die Gläser zu etwa ¾ darin eingetaucht sind.

8 Kochen Sie die Pflaumen bei einer Temperatur von ungefähr 80 °C ca. 30 Minuten ein.

Tipp: Fügen Sie Sternanis hinzu, um eine besondere geschmackliche Note zu erhalten.

EINGEKOCHTE BIRNEN

7 Port. 40 Min. Mittel

Zutaten

1 ½ kg Birnen
1.200 ml Wasser
400 g Zucker
3 Zimtstangen
1 Msp. Einmachhilfe

Nährwerte p. P.

344 kcal
87 g Kohlenhydrate
0 g Fett
0 g Eiweiß

1 Waschen, schälen und halbieren Sie die Birnen und entfernen Sie das Kerngehäuse.

2 Bringen Sie in einem großen Topf das Wasser zum Kochen. Fügen Sie den Zucker hinzu und rühren Sie so lange, bis er sich vollständig aufgelöst hat.

3 Geben Sie die vorbereiteten Birnen und die Zimtstangen in den Topf. Lassen Sie die Mischung kurz aufkochen.

4 Fügen Sie die Einmachhilfe hinzu und rühren Sie gut um. Füllen Sie die Birnenmischung vorsichtig in sterilisierte Einmachgläser.

5 Die Birnen müssen vollständig mit Flüssigkeit bedeckt sein. Verschließen Sie die Gläser fest und lassen Sie sie abkühlen.

Tipp: Die eingekochten Birnen können Sie als Dessert oder als Beilage genießen.

EINGELEGTE GURKEN

 4 Port.

 35 Min.

 Leicht

Zutaten

1 kg Gurken
2 EL Zucker
500 ml Wasser
500 ml Essig
2 EL Salz

Gewürze:
Dill
Knoblauch
Lorbeerblätter
Pfefferkörner
Senfkörner
Wacholderbeeren
Zwiebeln

Nährwerte p. P.

59 kcal
14 g Kohlenhydrate
1 g Fett
6 g Eiweiß

1 Waschen Sie die Gurken gründlich und schneiden Sie die Enden ab. Schneiden Sie die Gurken in Scheiben oder Streifen. Legen Sie die Gewürze bereit.

2 Mischen Sie in einem Topf Essig, Wasser, Salz und Zucker und bringen die Mischung zum Kochen. Lassen Sie diese etwa 15 Minuten köcheln und rühren Sie regelmäßig um.

3 Schichten Sie die vorbereiteten Gurken und Gewürze abwechselnd in Einmachgläser. Gießen Sie die heiße Essiglösung vorsichtig darüber, sodass Gurken und Gewürze vollständig bedeckt sind. Verschließen Sie die Gläser sofort fest und lassen Sie sie abkühlen.

Tipp: Lassen Sie die Gurken einige Wochen gut durchziehen, damit sie den besten Geschmack entfalten können.

EINGELEGTE MÖHREN

10 Port. 15 Min. Leicht

Zutaten

1 kg Möhren
120 ml Weißwein
300 ml Weißweinessig
120 g Rohrohrzucker
4 Knoblauchzehen
4 Zweige Rosmarin
2 EL Limettensaft
5 TL Salz
1 TL schwarze Pfefferkörner
2 Lorbeerblätter

Nährwerte p. P.

57 kcal
12 g Kohlenhydrate
0 g Fett
1 g Eiweiß

1 Putzen Sie die Möhren und schneiden Sie sie in Streifen oder Scheiben. Schälen Sie den Knoblauch und waschen Sie die Rosmarinzweige.

2 Geben Sie anschließend Wein, Essig, 580 ml Wasser, Zucker, Salz, Limettensaft, Knoblauch, Lorbeerblätter, Rosmarin und Pfefferkörner in einen Topf und bringen Sie alles zum Kochen.

3 Fügen Sie die Möhren hinzu und lassen Sie sie bei mittlerer Hitze für 5 Minuten bissfest garen.

4 Heben Sie danach die Möhren und die anderen Zutaten aus dem Sud und verteilen Sie sie auf vier sterilisierte Einmachgläser. Gießen Sie den Sud über die Möhren, um sie gut zu bedecken.

5 Verschließen Sie die Gläser fest und stellen Sie sie zum Einkochen in einen Topf mit Wasser. Decken Sie die Gläser ab und kochen Sie sie bei 100 °C für 90 Minuten.

6 Nehmen Sie die Gläser aus dem Wasser und lassen Sie sie abkühlen.

Tipp: Fügen Sie einen Teelöffel Salz und einen Spritzer Zitrone hinzu. So behalten die Möhren ihre Farbe.

EINGELEGTE ZUCCHINI

10 Port.

50 Min.

Leicht

Zutaten

3 Zucchini
100 g Zucker
2 Zwiebeln
1 Lorbeerblatt
500 ml Wasser
250 ml Essig
150 ml Olivenöl
Salz, Pfeffer

Nährwerte p. P.

197 kcal
14 g Kohlenhydrate
15 g Fett
0g Eiweiß

1 Waschen Sie die Zucchini und schneiden Sie sie in Streifen oder Scheiben. Schälen Sie die Zwiebel und würfeln Sie diese fein.

2 Bestreuen Sie das Gemüse mit Salz und lassen Sie es für etwa 30 Minuten ziehen.

3 Geben Sie das Wasser in einen Topf und kochen Sie die Zucchini darin für 8 – 10 Minuten. Gießen Sie das Wasser ab und verteilen Sie das Gemüse in saubere Einmachgläser. Geben Sie zu jeder Portion ein Lorbeerblatt sowie Pfeffer und Salz.

4 Nun mischen Sie den Essig, das Öl, den Zucker und das Wasser in einem weiteren Topf. Bringen Sie die Mischung zum Kochen und lassen Sie sie anschließend für 5 Minuten köcheln.

5 Gießen Sie den noch heißen Sud in die Einmachgläser über das Gemüse. Verschließen Sie die Gläser fest und lassen Sie sie mindestens 2 Wochen an einem kühlen, dunklen Ort durchziehen.

Tipp: Fügen Sie Kräuter nach Wahl hinzu, um für einen besseren Geschmack zu sorgen.

EINGELEGTES GEMÜSE

6 Port. 40 Min. Leicht

Zutaten

100 g Bohnen (grün)
100 g Brokkolispitzen
100 g Gurken
100 g Karotten
100 g Radieschen
100 g Sellerie
Für den Sud:
400 ml Wasser
300 ml Apfelessig
50 g Salz
20 g Zucker (braun)

Nährwerte p. P.

66 kcal
8 g Kohlenhydrate
0 g Fett
2 g Eiweiß

1 Waschen Sie die Brokkolispitzen und lassen Sie sie abtropfen. Waschen und schneiden Sie die Gurken in 5 cm lange Stifte.

2 Putzen Sie die Karotten und schneiden diese in feine Stifte. Vierteln Sie die gewaschenen Radieschen.

3 Putzen und würfeln Sie den Sellerie. Waschen Sie die grünen Bohnen und schneiden diese in 3-4 cm große Stücke.

4 Geben Sie Wasser, Salz und Zucker in einen Topf und erhitzen die Mischung. Geben Sie anschließend den Apfelessig hinzu.

5 Kochen Sie jedes Gemüse einzeln für einige Minuten in der Mischung. Füllen Sie das Gemüse und die Kochflüssigkeit in Einmachgläser.

6 Verschließen Sie diese luftdicht und bewahren die Gläser an einem dunklen Ort auf.

Tipp: Wenn Sie das Gemüse schön knackig mögen, können Sie es vor dem Einlegen kurz in Eiswasser geben. Das erhält die Knackigkeit.

FERMENTIERTER KOHLRABI-MIX

2 Port.

10 Min.

Leicht

Zutaten

500 g Kohlrabi
½ Zitrone
200 g Karotten
1.000 ml Wasser
25 g Salz (Meersalz; kein jodiertes Salz!)

Nährwerte p. P.

117 kcal
27 g Kohlenhydrate
0 g Fett
6 g Eiweiß

1 Waschen Sie die Zitrone und schneiden Sie sie in dünne Scheiben. Schälen, waschen und zerkleinern Sie Kohlrabi und Karotten. Schichten Sie das Gemüse und die Zitronenscheiben in Einmachgläser.

2 Für die Salzlake lösen Sie das Salz im Wasser auf und gießen dieses über das Gemüse. Beschweren Sie das Gemüse mit einem Glasgewicht und verschließen Sie das Glas.

3 Lassen Sie es bei Raumtemperatur (18 – 24 °C) für 3-5 Tage stehen. Wenn kleine Bläschen aufsteigen, beginnt die Fermentation.

4 Kosten Sie nach einigen Tagen das Gemüse und passen Sie die Fermentierdauer an Ihren Geschmack an.

5 Lagern Sie die fertig fermentierten Gläser im Kühlschrank.

Tipp: Entnehmen Sie das Gemüse immer mit einem sauberen Löffel, da sonst Bakterien hineingeraten.

FERMENTIERTER WEIßKOHL-PAPRIKA-MIX

2 Port.

35 Min.

Leicht

Zutaten

1 L Wasser
500 g Weißkohl
25 g Salz
1 große rote Paprika

Nährwerte p. P.

170 kcal
37 g Kohlenhydrate
1 g Fett
10 g Eiweiß

1 Waschen Sie den Weißkohl und die Paprika und schneiden Sie beides in mundgerechte Stücke. Verteilen Sie das Gemüse in Einmachgläser.

2 Bereiten Sie die Salzlake vor, indem Sie Wasser und Salz mischen und erhitzen. Übergießen Sie das Gemüse mit der Lake und legen Sie ein Glasgewicht darauf.

3 Lassen Sie das Glas nur leicht verschlossen bei Raumtemperatur (optimal zwischen 18 und 24 °C) für mindestens 3 – 5 Tage stehen.

4 Probieren Sie das Gemüse nach einigen Tagen. Passt es zu Ihrem Geschmack, entfernen Sie die Gewichte, verschließen Sie die Gläser fest und stellen Sie sie in den Kühlschrank.

Tipp: Für mehr Aroma können Sie verschiedene Gewürze hinzufügen.

Soßen

JÄGERSOẞE

4 Port.

20 Min.

Leicht

Zutaten

300 g Pilze, Champignons
150 ml Gemüsebrühe
150 ml Schlagsahne
1 Zwiebel
Öl
Salz, Pfeffer

Nährwerte p. P.

140 kcal
11 g Kohlenhydrate
13 g Fett
5 g Eiweiß

1 Putzen Sie die Pilze und schneiden Sie sie in feine Scheiben. Ziehen Sie die Zwiebel ab und hacken Sie sie klein.

2 Erhitzen Sie das Öl in einer Pfanne und braten Sie die Zwiebelwürfel darin an, bis sie glasig sind. Geben Sie anschließend die Pilzscheiben hinzu und lassen Sie alles für etwa 5 Minuten gemeinsam schmoren.

3 Gießen Sie nun Brühe und Sahne dazu und lassen Sie die Soße etwas einkochen. Schmecken Sie das Ganze zum Schluss mit Salz und Pfeffer ab.

Tipp: Für den besseren Geschmack können Sie Petersilie unterrühren.

BRATENSOẞE

 4 Port.  3 Std. Leicht

Zutaten

1 kg Fleischknochen (ggf. mit Fleischabschnitten, z. B. von Kalb und Schwein oder Rind)
Gewürze (z. B. Pimentkörner, Wacholderbeeren, Pfeffer, Lorbeerblätter, Sternanis)
1 Möhre
¼ Sellerieknolle
1 EL Speisestärke (zum Binden)
1 Zwiebel
2 Knoblauchzehen
½ Bund Thymian
2 EL Öl
1 EL Tomatenmark
Salz
200 ml Rotwein (alternativ Brühe)
1 L schwach gesalzene Brühe

Nährwerte p. P.

415 kcal
10 g Kohlenhydrate
12 g Fett
58 g Eiweiß

1 Reinigen Sie die Knochen und zerkleinern Sie sie. Schälen Sie das Gemüse und würfeln es grob.

2 Erhitzen Sie in einem großen Topf das Öl, braten die Knochen und Gemüse an. Gießen Sie das überschüssige Fett ab und fügen Sie das Tomatenmark hinzu.

3 Löschen Sie mit Rotwein ab und lösen Sie dabei den Bratensatz und lassen diesen einkochen. Nun können Sie die Brühe hinzugießen, Thymian, Knoblauch und Gewürze beigeben und etwa 2 Stunden köcheln lassen.

4 Die Soße können Sie nun durch ein Sieb gießen und nach Bedarf reduzieren. Schmecken Sie mit Salz ab und binden die Soße bei Bedarf mit Speisestärke.

Tipp: Stellen Sie die Soße in den Kühlschrank, so lässt sich das Fett am besten abschöpfen.

HELLE SOẞE

1 Port.

15 Min.

Leicht

Zutaten

200 ml Milch
2 EL Butter
2 EL Weizenmehl
200 ml Gemüsebrühe
1 Prise Muskatnuss, gemahlen
1 Prise Salz
1 Prise Pfeffer, schwarz

Nährwerte p. P.

371 kcal
21 g Kohlenhydrate
28 g Fett
8 g Eiweiß

1 Erhitzen Sie einen Topf auf mittlerer Stufe und lassen Sie die Butter darin schmelzen.

2 Sieben Sie das Mehl darüber und rühren Sie es kontinuierlich um, bis es für etwa 2 Minuten hellgelb angeschwitzt ist.

3 Unter ständigem Rühren gießen Sie die Milch und die Gemüsebrühe dazu. Lassen Sie die helle Grundsoße auf niedriger Stufe etwa 8 Minuten köcheln, bis sie eine leicht dickflüssige Konsistenz annimmt.

4 Würzen Sie die Soße mit Muskatnuss, Salz und Pfeffer.

Tipp: Servieren Sie dazu Fisch und Kartoffelpüree.

TOMATENSOẞE

4 Port. 45 Min. Leicht

Zutaten

1 kleine Zwiebel
3 Knoblauchzehen
1 kg frische, reife Tomaten
1 Handvoll Basilikumblätter
30 ml gutes Olivenöl
Salz

Nährwerte p. P.

90 kcal
12 g Kohlenhydrate
5 g Fett
3 g Eiweiß

1 Schälen Sie die Zwiebel und den Knoblauch und hacken Sie beides fein. In einer Pfanne erhitzen Sie das Olivenöl und dünsten Zwiebel und Knoblauch darin an, bis sie glasig sind. Würzen Sie leicht mit Salz.

2 Waschen Sie die Tomaten, entfernen Sie den Strunk und schneiden Sie sie in Würfel. Geben Sie die Tomatenstücke zur Zwiebel-Knoblauch-Mischung in die Pfanne.

3 Lassen Sie das Ganze bei mittlerer Hitze für etwa 15 Minuten köcheln, bis die Tomaten weich sind und sich zu einer Soße verbunden haben.

4 Waschen Sie die Basilikumblätter, schütteln Sie sie trocken und hacken Sie sie grob. Fügen Sie das Basilikum zur Tomatensoße hinzu und lassen Sie es kurz mitkochen.

5 Schmecken Sie die Soße gut ab.

Tipp: Passt hervorragend zu Nudeln, kann man aber auch als Suppe genießen.

HONIG-SENF-SOßE

 100 ml  10 Min.  Leicht

Zutaten

Pfeffer (zum Abschmecken)
1 EL Senf (mittelscharf)
1 TL Pfeffer (grün)
1 Spritzer Zitronensaft
1 EL Honig (flüssig)
1 Knoblauchzehe
1 Bund Dill (frisch)
50 ml Sonnenblumenöl
25 ml Balsamico (weiß)
5 EL Joghurt
Salz (zum Abschmecken)

Nährwerte p. P.

167 kcal
28 g Kohlenhydrate
55 g Fett
1 g Eiweiß

1 Geben Sie Joghurt, Senf, Honig, Zitronensaft, weißen Balsamico, Öl und Knoblauch in ein hohes Gefäß. Pürieren Sie die Zutaten zu einer cremigen Soße.

2 Zerkleinern Sie den Dill und zerstoßen Sie den Pfeffer in einem Mörser. Heben Sie beides unter die Honig-Senf-Mischung.

3 Schmecken Sie mit Salz, Pfeffer und Zitronensaft oder Essig ab.

Tipp: Sie können Zitronensaft durch Limettensaft ersetzen.

GEFLÜGELSOßE

1 Port.

2 Std. 20 Min.

Mittel

Zutaten

2 kg Geflügelklein (Hälse, Knochen und Mägen)
Olivenöl
1 Zwiebel
1 Knoblauchzehe
300 g Knollensellerie
2 Möhren
1 Stange Lauch
1 EL Tomatenmark
0,7 L Rotwein
Thymian
Rosmarin
10 Pfefferkörner
4 Wacholderbeeren

Nährwerte p. P.

232 kcal
14 g Kohlenhydrate
7 g Fett
1 g Eiweiß

1 Zerkleinern Sie die Knochen und Mägen und befreien diese von überflüssigem Fett. Erhitzen Sie in einem großen Topf Olivenöl und braten darin die Knochen mit den Mägen scharf an.

2 Fügen Sie das grob zerkleinerte Gemüse hinzu und braten es mit dem Tomatenmark kurz an.

3 Löschen Sie mit Rotwein ab und fügen Sie so viel Wasser hinzu, dass alles gut bedeckt ist. Lassen Sie die Mischung für 2 Stunden sanft köcheln.

4 Gießen Sie anschließend den Inhalt durch ein Sieb. Zum Verdicken der Soße können Sie Butter und Mehl bei Zimmertemperatur zu einer glatten Paste verarbeiten und unter ständigem Rühren in die Soße einarbeiten.

5 Sobald die Soße die gewünschte Konsistenz erreicht hat, können Sie diese abschmecken.

Tipp: Zum Verfeinern können Sie Sahne dazugeben.

ENTENSOßE

4 Port. | 1 Std. 10 Min. | Mittel

Zutaten

Butterschmalz
2 Schalotten
1 TL Rohrohrzucker
1 Apfel
½ Orange
1 Glas Wildfond
½ Glas Geflügelfond
10 Sauerkirschen, tiefgefroren
2 Stück Wacholderbeeren
4 Stück Piment
½ TL Gewürzmischung Ente & Gänse

Nährwerte p. P.

880 kcal
0 g Kohlenhydrate
99 g Fett
0 g Eiweiß

1 Dünsten Sie in etwas Butterschmalz die gewürfelten Schalotten. Streuen Sie braunen Zucker darüber, braten Sie diesen kurz an und löschen Sie anschließend mit Orangensaft ab. Lassen Sie das Ganze kurz durchköcheln.

2 Fügen Sie die Fonds, Kirschen, Apfelstückchen und Gewürze hinzu und lassen Sie alles für einige Zeit köcheln, damit sich die Flüssigkeit reduziert.

3 Falls Sie selbst gemachten Geflügelfond von Hähnchenbraten aus dem Ofen verwenden, denken Sie daran, dass dieser bereits eine würzige und leicht pfefferige Note haben könnte.

4 Falls Sie Reste vom Glas oder vom Apfel haben, können Sie diese zum Zubereiten von Rotkohl verwenden.

5 Das Gleiche gilt für überschüssiges Geflügelfett aus dem Glas. Fügen Sie zu diesem Zeitpunkt kein Salz hinzu, schmecken Sie die Soße erst am Schluss ab.

6 Sobald die Soße gut einreduziert ist, entfernen Sie die Wacholderbeeren und den Piment. Pürieren Sie dann alles und binden Sie die Soße bei Bedarf mit etwas Speisestärke.

Tipp: Die Soße wird noch feiner, wenn Sie diese durch ein Sieb rühren.

DUNKLE SOẞE

1 Port.

35 Min.

Leicht

Zutaten

2 TL gekörnte Brühe, Gemüse/Huhn/Rind
1 Zwiebel
20 ml Öl
5 g Tomatenmark
100 ml Rotwein
270 ml Wasser
1 Pck. Soßenpulver, Schwein/Geflügel/Rind
1 Lorbeerbl

Nährwerte p. P.

370 kcal
25 g Kohlenhydrate
22 g Fett
3 g Eiweiß

1 Halbieren Sie die Zwiebel und hacken Sie sie fein, vorher die Schale entfernen. In einem Topf das Öl erhitzen und die gehackten Zwiebeln darin etwa 10 Minuten anbraten, bis sie glasig sind.

2 Fügen Sie das Tomatenmark, die 2 TL Brühe, das Lorbeerblatt, den Wein und das Wasser hinzu. Lassen Sie die Mischung 20 Minuten bei mittlerer Hitze köcheln.

3 Passieren Sie anschließend den fertigen Ansatz durch ein Sieb in einen anderen Topf.

4 Geben Sie das Soßenpulver hinzu, rühren Sie gut um und lassen Sie die Soße nochmals kurz aufkochen, bis sie die gewünschte Konsistenz hat. Die Soße ist nun servierfertig.

Tipp: Servieren Sie die Soße mit Orangenfilets zu Entengerichten und Ihre Gäste werden staunen.

RAHMSOẞE

4 Port. 25 Min. Leicht

Zutaten

1 L Geflügelbrühe
70 g Mehl
60 g Butter
30 g Champignons
10 ml Schlagsahne
etwas Salz
etwas Muskatnuss

Nährwerte p. P.

293 kcal
16 g Kohlenhydrate
23 g Fett
4 g Eiweiß

1 Schmelzen Sie Butter in einem Topf. Wichtig ist, dass die Bitter nicht braun wird.

2 Rühren Sie das Mehl ein, bis eine dicke Soße entsteht. Füllen Sie dann schluckweise die Geflügelbrühe hinzu.

3 Braten Sie die Champignons in einer Pfanne an und geben diese dann zur Soße. Würzen Sie sie mit Salz und einer Prise Muskat.

4 Lassen Sie die Soße kurz aufkochen. Vor dem Anrichten rühren Sie vorsichtig die Schlagsahne unter.

Tipp: Braten Sie die Champignons für mehr Aroma vorher an.